Geetha Mary Amalanathan

Extração de dados para principiantes

Geetha Mary Amalanathan

Extração de dados para principiantes

ScienciaScripts

Prefácio

Bem-vindo ao mundo da extração de dados - um campo que une os domínios da estatística, ciência informática e inteligência artificial para descobrir informações valiosas a partir de vastos conjuntos de dados. Na atual era digital, em que a informação é gerada a um ritmo sem precedentes, a capacidade de extrair padrões e conhecimentos significativos dos dados não é apenas vantajosa, mas muitas vezes crucial para tomar decisões informadas.

Este livro foi concebido como um guia completo para compreender os princípios, as técnicas e as aplicações da extração de dados. Quer seja um estudante a explorar os fundamentos da análise de dados ou um profissional que procura melhorar as suas competências na extração de informações úteis, este livro tem como objetivo fornecer-lhe uma base sólida nos conceitos essenciais e nas ferramentas práticas da extração de dados.

A viagem através destas páginas levá-lo-á desde os algoritmos fundamentais utilizados na extração de dados até métodos avançados adaptados a domínios específicos como o marketing, as finanças, os cuidados de saúde e muito mais. Cada capítulo foi concebido para se basear no anterior, dotando-o de conhecimentos teóricos e de experiência prática através de exemplos, estudos de casos e exercícios.

Embora o campo da extração de dados continue a evoluir com novos algoritmos e aplicações, os princípios fundamentais permanecem intemporais. O nosso objetivo com este livro é capacitá-lo para navegar com confiança neste cenário em evolução, permitindo-lhe aproveitar o poder dos dados para resolver problemas do mundo real e impulsionar a inovação.

Esperamos que este livro sirva não só como um recurso valioso na sua viagem pela extração de dados, mas também como um catalisador para a sua curiosidade e criatividade na exploração das possibilidades ilimitadas que a análise de dados proporciona.

Boa exploração mineira!

Dra. Geetha Mary Amalanathan

Agradecimentos

"O Dia de Ação de Graças começa com uma boa memória"

Este é o momento de recordar todos os que me ajudaram a concluir este livro com êxito. Em primeiro lugar, agradeço a Deus Todo-Poderoso, cuja presença me guiou durante todo este período.

Deus, a fonte do conhecimento, sempre me inspirou e guiou em tudo o que faço. Agradeço a Deus a sabedoria que me concedeu ao escrever este livro e, de facto, ao longo da minha vida: "Tudo posso naquele que me dá força". (Filipenses 4: 13)

Acima de tudo, agradeço à minha família, a minha fonte de força e de sustento, ao meu pai, que sempre me apoiou, Sr. Amalanathan P, e à minha mãe, sempre amável, Sra. Margaret M A, pelo seu amor incondicional e pelo calor que me deram em todos os momentos da minha vida. Agradeço-lhes o encorajamento, a sabedoria e o conforto de que necessitei para concluir este livro. Agradeço ao meu filho, Sr. Febin Ignatius M, e à minha filha, Sra. Gia Michelle M, por me terem apoiado enquanto escrevia este livro.

Este livro é um testemunho do vosso amor incondicional e do vosso encorajamento.

Dra. Geetha Mary Amalanathan

Conteúdo

Capítulo 1 Introdução à extração de dados

1.1 O que é a extração de dados?

A extração de dados, também conhecida como descoberta de conhecimentos nos dados (KDD), é o processo de descobrir padrões e outras informações valiosas a partir de grandes conjuntos de dados. Dada a evolução da tecnologia de armazenamento de dados e o crescimento dos grandes volumes de dados, a adoção de técnicas de extração de dados acelerou rapidamente nas últimas duas décadas, ajudando as empresas a transformar os seus dados brutos em conhecimento útil. No entanto, embora essa tecnologia evolua continuamente para lidar com dados em grande escala, os líderes ainda enfrentam desafios com a escalabilidade e a automação.

A extração de dados melhorou a tomada de decisões organizacionais através de análises de dados perspicazes. As técnicas de extração de dados que estão na base destas análises podem ser divididas em dois objectivos principais: podem descrever o conjunto de dados alvo ou podem prever resultados através da utilização de algoritmos de aprendizagem automática. Estes métodos são utilizados para organizar e filtrar os dados, fazendo emergir as informações mais interessantes, desde a deteção de fraudes até aos comportamentos dos utilizadores, estrangulamentos e até violações de segurança.

Quando combinado com ferramentas de análise e visualização de dados, como o Apache Spark, mergulhar no mundo da extração de dados nunca foi tão fácil e extrair informações relevantes nunca foi tão rápido. Os avanços da inteligência artificial continuam a acelerar a sua adoção em todos os sectores.

1.2 Processo de extração de dados

O processo de extração de dados envolve uma série de etapas, desde a recolha de dados até à visualização, para extrair informações valiosas de grandes conjuntos de dados. Como já foi referido, as técnicas de extração de dados são utilizadas para gerar descrições e previsões sobre um conjunto de dados alvo. Os cientistas de dados descrevem os dados através das suas observações de padrões, associações e correlações. Também classificam e agrupam os dados através de métodos de classificação e regressão, e identificam valores atípicos para casos de utilização, como a deteção de spam.

A extração de dados consiste normalmente em quatro etapas principais: definição de objectivos, recolha e preparação de dados, aplicação de algoritmos de extração de dados e avaliação de resultados.

1. Definir os objectivos comerciais: Esta pode ser a parte mais difícil do processo de extração de dados e muitas organizações não dedicam muito tempo a este passo importante. Os cientistas de dados e as partes interessadas da empresa precisam de trabalhar em conjunto para definir o problema da empresa, o que ajuda a informar as questões e os parâmetros dos dados para um determinado projeto. Os analistas podem também ter de efetuar pesquisas adicionais para compreenderem adequadamente o contexto empresarial.

2. Preparação dos dados: Uma vez definido o âmbito do problema, é mais fácil para os cientistas de dados identificar o conjunto de dados que ajudará a responder às questões pertinentes para a empresa. Uma vez recolhidos os dados relevantes, estes serão limpos, removendo qualquer ruído, como duplicados, valores em falta e valores atípicos. Dependendo do conjunto de dados, pode ser dado um passo adicional para reduzir o número de dimensões, uma vez que demasiadas caraterísticas podem tornar mais lento qualquer cálculo subsequente. Os cientistas de dados procurarão reter os preditores mais importantes para garantir uma precisão óptima em quaisquer modelos.

3. Construção de modelos e extração de padrões: Dependendo do tipo de análise, os cientistas de dados podem investigar quaisquer relações de dados interessantes, tais como padrões sequenciais, regras de associação ou correlações. Embora os padrões de alta frequência tenham aplicações mais amplas, por vezes os desvios nos dados podem ser mais interessantes, destacando áreas de potencial fraude.

Os algoritmos de aprendizagem profunda também podem ser aplicados para classificar ou agrupar um conjunto de dados, consoante os dados disponíveis. Se os dados de entrada forem rotulados (ou seja, aprendizagem supervisionada), pode ser utilizado um modelo de classificação para categorizar os dados ou, em alternativa, pode ser aplicada uma regressão para prever a probabilidade de uma determinada atribuição. Se o conjunto de dados não for rotulado (ou seja, aprendizagem não supervisionada), os pontos de dados individuais no conjunto de treino são comparados uns com os outros para descobrir semelhanças subjacentes, agrupando-os com base nessas caraterísticas.

4. Avaliação dos resultados e aplicação dos conhecimentos: Uma vez agregados os dados, é necessário avaliar e interpretar os resultados. Ao finalizar os resultados, estes devem ser válidos, novos, úteis e compreensíveis. Quando estes critérios são cumpridos, as organizações podem utilizar este conhecimento para implementar novas estratégias, atingindo os objectivos pretendidos.

1.3 Tipos de extração de dados

Dependendo dos dados e do objetivo da extração, a extração de dados pode ter vários ramos ou especializações. Vejamos alguns deles de seguida.

Exploração de processos

A prospeção de processos é um ramo da prospeção de dados que tem por objetivo descobrir, monitorizar e melhorar os processos empresariais. Extrai conhecimentos dos registos de eventos disponíveis nos sistemas de informação. Ajuda as organizações a ver e a compreender o que está a acontecer nestes processos no dia a dia.

Por exemplo, as empresas de comércio eletrónico têm muitos processos, como aquisições, vendas, pagamentos, cobranças e expedição. Ao analisar os seus registos de dados de aquisições, podem constatar que a fiabilidade da entrega dos seus fornecedores é de 54% ou que 12% dos fornecedores fazem consistentemente entregas antecipadas. Podem utilizar esta informação para otimizar as suas relações com os fornecedores.

Extração de texto

A extração de texto ou extração de dados de texto consiste na utilização de software de extração de dados para ler e compreender texto. Os cientistas de dados utilizam a extração de texto para automatizar a descoberta de conhecimentos em recursos escritos como sítios Web, livros, mensagens de correio eletrónico, críticas e artigos.

Por exemplo, uma empresa de meios de comunicação digitais pode utilizar a extração de texto para ler automaticamente os comentários nos seus vídeos em linha e classificar as opiniões do público como positivas ou negativas.

Exploração Preditiva

A extração de dados preditivos utiliza a inteligência empresarial para prever tendências. Ajuda os líderes empresariais a estudar o impacto das suas decisões no futuro da empresa e a fazer escolhas eficazes.

Por exemplo, uma empresa pode analisar os dados de devoluções de produtos anteriores para conceber um esquema de garantia que não conduza a perdas. Utilizando a prospeção preditiva, a empresa prevê o número potencial de devoluções no ano seguinte e cria um plano de garantia de um ano que tem em conta as perdas ao determinar o preço do produto.

1.4 Tipos de dados

A extração de dados pode ser efectuada nos seguintes tipos de dados:

Base de dados relacional:

Uma base de dados relacional é uma coleção de vários conjuntos de dados formalmente organizados por tabelas, registos e colunas, a partir dos quais os dados podem ser acedidos de várias formas sem ter de reconhecer as tabelas da base de dados. As tabelas transmitem e partilham informações, o que facilita a pesquisa, a elaboração de relatórios e a organização dos dados.

Armazéns de dados:

Um Data Warehouse é a tecnologia que recolhe os dados de várias fontes dentro da organização para fornecer informações comerciais significativas. A enorme quantidade de dados provém de vários locais, como o Marketing e as Finanças. Os dados extraídos são utilizados para fins analíticos e ajudam na tomada de decisões de uma organização empresarial. O armazém de dados foi concebido para a análise de dados e não para o processamento de transacções.

Repositórios de dados:

O Repositório de Dados refere-se geralmente a um destino para armazenamento de dados. No entanto, muitos profissionais de TI utilizam o termo de forma mais clara para se referirem a um tipo específico de configuração dentro de uma estrutura de TI. Por exemplo, um grupo de bases de dados, onde uma organização guarda vários tipos de informação.

Base de dados objeto-relacional:

Uma combinação de um modelo de base de dados orientado para os objectos e de um modelo de base de dados relacional é designada por modelo objeto-relacional. Suporta classes, objectos, herança, etc.

Um dos principais objectivos do modelo de dados objeto-relacional é colmatar a lacuna entre a base de dados relacional e as práticas de modelo orientadas para os objectos frequentemente utilizadas em muitas linguagens de programação, por exemplo, C++, Java, C#, etc.

Base de dados transacional:

Uma base de dados transacional refere-se a um sistema de gestão de bases de dados (SGBD) que tem a possibilidade de anular uma transação de base de dados se esta não for executada de forma adequada. Embora esta fosse uma capacidade única há muito tempo atrás, atualmente, a maioria dos sistemas de bases de dados relacionais suporta actividades de bases de dados transaccionais.

1.5 Técnicas de extração de dados

A extração de dados funciona através da utilização de vários algoritmos e técnicas para transformar grandes volumes de dados em informações úteis. Eis algumas das mais comuns:

Classificação dos quadros de extração de dados em função do tipo de fontes de dados extraídas: Esta classificação é feita em função do tipo de dados tratados. Por exemplo, multimédia, dados espaciais, dados de texto, dados de séries temporais, World Wide Web, etc..

Classificação dos quadros de extração de dados em função da base de dados envolvida: Esta classificação baseia-se no modelo de dados em causa. Por exemplo. Base de dados orientada para os objectos, base de dados transacional, base de dados relacional, etc..

Classificação dos quadros de extração de dados de acordo com o tipo de conhecimento descoberto: Esta classificação depende dos tipos de conhecimentos descobertos ou das funcionalidades de extração de dados. Por exemplo, discriminação, classificação, agrupamento, caraterização, etc. Alguns quadros tendem a ser quadros extensivos que oferecem algumas funcionalidades de extração de dados em conjunto...

Classificação dos quadros de extração de dados de acordo com as técnicas de extração de dados utilizadas: Esta classificação é feita de acordo com a abordagem de análise de dados utilizada, como redes neuronais, aprendizagem automática, algoritmos genéticos, visualização, estatística, orientada para o armazém de dados ou para a base de dados, etc.

A classificação pode também ter em conta o nível de interação do utilizador envolvido no processo de extração de dados, como os sistemas orientados para a consulta, os sistemas autónomos ou os sistemas exploratórios interactivos.

Classificação

Esta técnica é utilizada para obter informações importantes e relevantes sobre dados e metadados. Esta técnica de extração de dados ajuda a classificar os dados em diferentes classes.

Agrupamento

O agrupamento é uma divisão da informação em grupos de objectos ligados entre si. A descrição dos dados através de alguns clusters perde sobretudo alguns pormenores de confinamento, mas permite melhorias. A modelação de dados é feita através dos seus clusters. A modelação de dados coloca o agrupamento de um ponto de vista histórico enraizado na estatística, na matemática e na análise numérica. Do ponto de vista da aprendizagem automática, os clusters estão relacionados com padrões ocultos, a procura de clusters é uma aprendizagem não supervisionada e o quadro subsequente representa um conceito de dados. De um ponto de vista prático, o agrupamento desempenha um papel extraordinário nas aplicações de extração de dados. Por exemplo, a exploração de dados científicos, a extração de textos, a recuperação de informações, as aplicações de bases de dados espaciais, o CRM, a análise da Web, a biologia computacional, o diagnóstico médico e muito mais.

Por outras palavras, podemos dizer que a análise de agrupamento é uma técnica de extração de dados para identificar dados semelhantes. Esta técnica ajuda a reconhecer as diferenças e semelhanças entre os dados. O agrupamento é muito semelhante à classificação, mas envolve o agrupamento de pedaços de dados com base nas suas semelhanças.

Regressão

A análise de regressão é o processo de extração de dados utilizado para identificar e analisar a relação entre variáveis devido à presença de outro fator. É utilizada para definir a probabilidade de uma variável específica. A regressão é essencialmente uma forma de planeamento e modelação. Por exemplo, pode ser utilizada para projetar determinados custos, dependendo de outros factores como a disponibilidade, a procura dos consumidores e a concorrência. Em primeiro lugar, fornece a relação exacta entre duas ou mais variáveis num determinado conjunto de dados.

Regras de associação

Esta técnica de extração de dados ajuda a descobrir uma ligação entre dois ou mais itens. Encontra um padrão oculto no conjunto de dados.

As regras de associação são declarações "se-então" que ajudam a mostrar a probabilidade de interações entre itens de dados em grandes conjuntos de dados em diferentes tipos de bases de dados. A extração de regras de associação tem várias aplicações e é normalmente utilizada para ajudar a vender correlações em dados ou conjuntos de dados médicos.

Deteção exterior

Este tipo de técnica de extração de dados está relacionado com a observação de itens de dados no conjunto de dados, que não correspondem a um padrão ou comportamento esperado. Esta técnica pode ser utilizada em vários domínios, como a deteção de intrusões, a deteção de fraudes, etc. É também conhecida como análise de outliers ou extração de outliers. O outlier é um ponto de dados que diverge demasiado do resto do conjunto de dados. A maioria dos conjuntos de dados do mundo real tem um outlier. A deteção de outliers desempenha um papel importante no domínio da extração de dados. A deteção de valores atípicos é útil em numerosos domínios, como a identificação de interrupções na rede, a deteção de fraudes com cartões de crédito ou de débito, a deteção de valores atípicos em dados de redes de sensores sem fios, etc.

Padrões sequenciais

O padrão sequencial é uma técnica de extração de dados especializada na avaliação de dados sequenciais para descobrir padrões sequenciais. Consiste em encontrar subsequências interessantes num conjunto de sequências, em que a importância de uma sequência pode ser medida em termos de diferentes critérios, como o comprimento, a frequência de ocorrência, etc.

Por outras palavras, esta técnica de extração de dados ajuda a descobrir ou a reconhecer padrões semelhantes em dados de transacções ao longo de algum tempo.

Previsão

A previsão utiliza uma combinação de outras técnicas de extração de dados, como as tendências, o agrupamento, a classificação, etc. Analisa eventos ou instâncias passadas na sequência correta para prever um evento futuro.

1.6 Aplicações de extração de dados

As técnicas de extração de dados são amplamente adoptadas pelas equipas de business intelligence e de análise de dados, ajudando-as a extrair conhecimentos para a sua organização e indústria. Alguns casos de utilização da extração de dados incluem:

Vendas e marketing

As empresas recolhem uma enorme quantidade de dados sobre os seus clientes e potenciais clientes. Ao observar a demografia dos consumidores e o comportamento dos utilizadores em linha, as empresas podem utilizar os dados para otimizar as suas campanhas de marketing, melhorando a segmentação, as ofertas de venda cruzada e os programas de fidelização de clientes, produzindo um ROI mais elevado sobre os esforços de marketing. As análises preditivas também podem ajudar as equipas a definir expectativas com os seus intervenientes, fornecendo estimativas de rendimento de quaisquer aumentos ou reduções no investimento em marketing.

Educação

As instituições de ensino começaram a recolher dados para compreender as suas populações de estudantes, bem como os ambientes que favorecem o sucesso. À medida que os cursos continuam a ser transferidos para plataformas em linha, podem utilizar uma variedade de dimensões e métricas para observar e avaliar o desempenho, tais como as teclas premidas, os perfis dos alunos, as turmas, as universidades, o tempo despendido, etc.

Otimização operacional

A prospeção de processos utiliza técnicas de prospeção de dados para reduzir os custos nas funções operacionais, permitindo que as organizações funcionem de forma mais eficiente. Esta prática tem ajudado a identificar estrangulamentos dispendiosos e a melhorar a tomada de decisões entre os líderes empresariais.

Deteção de fraudes

Embora os padrões que ocorrem frequentemente nos dados possam fornecer às equipas informações valiosas, a observação de anomalias nos dados também é benéfica, ajudando as empresas a detetar fraudes. Embora este seja um caso de utilização bem conhecido no sector bancário e noutras instituições financeiras, as empresas baseadas em SaaS também começaram a adotar estas práticas para eliminar contas de utilizador falsas dos seus conjuntos de dados.

Extração de dados nos cuidados de saúde

A extração de dados no sector da saúde tem um excelente potencial para melhorar o sistema de saúde. Utiliza dados e análises para obter melhores conhecimentos e identificar as melhores práticas que irão melhorar os serviços de cuidados de saúde e reduzir os custos. Os analistas utilizam abordagens de extração de dados, como a aprendizagem automática, a base de dados multidimensional, a visualização de dados, a computação flexível e a estatística. A extração de dados pode ser utilizada para prever os doentes em cada categoria. Os procedimentos garantem que os doentes recebem cuidados intensivos no local certo e na altura certa. A extração de dados também permite às seguradoras de cuidados de saúde reconhecer fraudes e abusos.

Fig. 1.1 Aplicações da extração de dados

Extração de dados na análise de cabazes de compras

A análise do cabaz de compras é um método de modelação baseado numa hipótese. Se o utilizador comprar um grupo específico de produtos, é mais provável que compre outro grupo de produtos. Esta técnica pode permitir ao retalhista compreender o comportamento de compra de um comprador. Estes dados podem ajudar o retalhista a compreender as necessidades do comprador e a alterar a disposição da loja em conformidade. Utilizando uma análise diferente, é possível comparar os resultados entre várias lojas e entre clientes de diferentes grupos demográficos.

Extração de dados na educação

A prospeção de dados no domínio da educação é um domínio emergente que se preocupa com o desenvolvimento de técnicas que exploram o conhecimento a partir dos dados gerados em ambientes educativos. Os objectivos da EDM são reconhecidos como a afirmação do futuro comportamento de aprendizagem do aluno, o estudo do impacto do apoio educativo e a promoção da ciência da aprendizagem. Uma organização pode utilizar a prospeção de dados para tomar decisões precisas e também para prever os resultados do aluno. Com os resultados, a instituição pode concentrar-se no que ensinar e como ensinar.

Extração de dados em engenharia de produção

O conhecimento é o melhor ativo de uma empresa de produção. As ferramentas de extração de dados podem ser benéficas para encontrar padrões num processo de fabrico complexo. A prospeção de dados pode ser utilizada na conceção a nível do sistema para obter as relações entre a arquitetura do produto, a carteira de produtos e as necessidades de dados dos clientes. Também pode ser utilizada para prever o período de desenvolvimento do produto, o custo e as expectativas, entre outras tarefas.

Extração de dados em CRM (Customer Relationship Management)

A Gestão da Relação com o Cliente (CRM) consiste em obter e manter clientes, bem como em aumentar a sua fidelidade e implementar estratégias orientadas para o cliente. Para conseguir uma relação decente com o cliente, uma organização empresarial precisa de recolher dados e de os analisar. Com as tecnologias de extração de dados, os dados recolhidos podem ser utilizados para análise.

Extração de dados na deteção de fraudes

Perdem-se milhares de milhões de dólares devido à ação das fraudes. Os métodos tradicionais de deteção de fraudes são um pouco morosos e sofisticados. A extração de dados fornece padrões significativos e transforma dados em informação. Um sistema ideal de deteção de fraudes deve proteger os dados de todos os utilizadores. Os métodos supervisionados consistem numa coleção de registos de amostra e estes registos são classificados como fraudulentos ou não fraudulentos. É construído um modelo com base nestes dados e a técnica é efectuada para identificar se o documento é fraudulento ou não.

Extração de dados na deteção de mentiras

Apanhar um criminoso não é um grande problema, mas descobrir a verdade sobre ele é uma tarefa muito difícil. As autoridades policiais podem utilizar técnicas de extração de dados para investigar infracções, monitorizar comunicações de suspeitos de terrorismo, etc. Esta técnica também inclui a extração de texto e procura padrões significativos nos dados, que normalmente são textos não estruturados. As informações recolhidas nas investigações anteriores são comparadas e é construído um modelo de deteção de mentiras.

Extração de dados Banca financeira

A digitalização do sistema bancário deverá gerar uma enorme quantidade de dados com cada nova transação. A técnica de prospeção de dados pode ajudar os banqueiros a resolver problemas relacionados com a atividade bancária e financeira, identificando tendências, casualidades e correlações na informação empresarial e nos custos de mercado que não são imediatamente evidentes para os gestores ou executivos porque o volume de dados é demasiado grande ou são produzidos demasiado rapidamente no ecrã por especialistas. O gestor pode encontrar estes dados para melhor direcionar, adquirir, reter, segmentar e manter um cliente rentável.

1.7 Vantagens e desvantagens da prospeção de dados Vantagens da prospeção de dados

- Promove a rentabilidade e a eficiência.
- Pode ser aplicado a qualquer tipo de dados e problema comercial.
- Pode revelar informações e tendências ocultas.

Contras da extração de dados

- É complexo.
- Os resultados e benefícios não são garantidos.
- Pode ser dispendioso.

Prós explicados

Rentabilidade e eficiência: A prospeção de dados garante que uma empresa recolhe e analisa dados fiáveis. Trata-se frequentemente de um processo mais rígido e estruturado que identifica formalmente um problema, reúne dados relacionados com o problema e procura formular uma solução. Por conseguinte, a extração de dados ajuda uma empresa a tornar-se mais rentável, mais eficiente ou operacionalmente mais forte.

Aplicações alargadas: A prospeção de dados pode ter um aspeto muito diferente consoante as aplicações, mas o processo geral pode ser utilizado com quase todas as aplicações novas ou antigas. Essencialmente, qualquer tipo de dados pode ser recolhido e analisado, e quase todos os problemas empresariais que dependem de provas qualificáveis podem ser resolvidos utilizando a extração de dados.

Informação oculta e tendências: O objetivo final da prospeção de dados é pegar em bits brutos de informação e determinar se existe coesão ou correlação entre os dados. Esta vantagem da prospeção de dados permite que uma empresa crie valor com a informação de que dispõe e que, de outra forma, não seria demasiado evidente. Embora os modelos de dados possam ser complexos, também podem produzir resultados fascinantes, revelar tendências ocultas e sugerir estratégias únicas.

Contras explicadas

Complexidade: A complexidade da extração de dados é uma das suas maiores desvantagens. A análise de dados exige frequentemente competências técnicas e determinadas ferramentas de software. As empresas mais pequenas podem considerar que esta é uma barreira de entrada demasiado difícil de ultrapassar.

Sem garantias: A extração de dados nem sempre significa resultados garantidos. Uma empresa pode efetuar análises estatísticas, tirar conclusões com base em dados sólidos, implementar alterações e não colher quaisquer benefícios. Isto pode dever-se a conclusões inexactas, alterações de mercado, erros de modelo ou populações de dados inadequadas. A extração de dados só pode orientar as decisões e não garantir os resultados.

Custo elevado: A extração de dados tem também uma componente de custo. As ferramentas de dados podem exigir subscrições dispendiosas e a obtenção de alguns dados pode ser dispendiosa. As preocupações com a segurança e a privacidade podem ser atenuadas, embora as infra-estruturas de TI adicionais também possam ser dispendiosas. A extração de dados pode também ser mais eficaz quando se utilizam grandes conjuntos de dados; no entanto, estes conjuntos de dados têm de ser armazenados e requerem uma grande capacidade computacional para serem analisados.

1.8 Extração de dados e redes sociais

Uma das aplicações mais lucrativas da extração de dados tem sido feita pelas empresas de redes sociais. Plataformas como o Facebook, o TikTok, o Instagram e o X (antigo Twitter) reúnem uma grande quantidade de dados sobre os seus utilizadores com base nas suas actividades em linha.

Esses dados podem ser utilizados para fazer inferências sobre as suas preferências. Os anunciantes podem direcionar as suas mensagens para as pessoas que parecem ter mais probabilidades de responder positivamente.

A extração de dados nas redes sociais tornou-se um grande ponto de discórdia, com vários relatórios de investigação e exposições que mostram como a extração de dados dos utilizadores pode ser intrusiva. No cerne da questão está o facto de os utilizadores poderem concordar com os termos e condições dos sítios sem se aperceberem de como as suas informações pessoais estão a ser recolhidas ou a quem estão a ser vendidas

1.9 Exemplos de extração de dados

A extração de dados pode ser utilizada para fins positivos ou ilícitos. Aqui está um exemplo de ambos.

eBay e comércio eletrónico

A eBay recolhe diariamente inúmeras informações de vendedores e compradores. A empresa utiliza a extração de dados para atribuir relações entre produtos, avaliar intervalos de preços desejados, analisar padrões de compra anteriores e formar categorias de produtos.3

O eBay descreve o processo de recomendação da seguinte forma:

Os metadados de itens brutos e os dados históricos do utilizador são agregados.

Os scripts são executados num modelo treinado para gerar e prever o item e o utilizador. É

efectuada uma pesquisa KNN.

Os resultados são escritos numa base de dados.
A recomendação em tempo real pega no ID do utilizador, chama os resultados da base de dados e apresenta-os ao utilizador.3

Escândalo Facebook-Cambridge Analytica

Um exemplo de precaução da extração de dados é o escândalo de dados Facebook-Cambridge Analytica. Durante a década de 2010, a empresa de consultoria britânica Cambridge Analytica Ltd. recolheu dados pessoais de milhões de utilizadores do Facebook. Esta informação foi posteriormente analisada para ser utilizada nas campanhas presidenciais de 2016 de Ted Cruz e Donald Trump. Suspeita-se que a Cambridge Analytica tenha interferido noutros eventos notáveis, como o referendo do Brexit.4

Tendo em conta esta extração de dados inadequada e a utilização indevida dos dados dos utilizadores, o Facebook concordou em pagar 100 milhões de dólares por ter enganado os investidores sobre a utilização que fazia dos dados dos consumidores. A Comissão de Valores Mobiliários alegou que o Facebook descobriu a utilização indevida em 2015, mas não corrigiu as suas divulgações durante mais de dois anos.

1.10 Desafios da implementação na extração de dados

Embora a extração de dados seja muito poderosa, enfrenta muitos desafios durante a sua execução. Os vários desafios podem estar relacionados com o desempenho, os dados, os métodos e as técnicas, etc. O processo de extração de dados torna-se eficaz quando os desafios ou problemas são corretamente reconhecidos e adequadamente resolvidos.

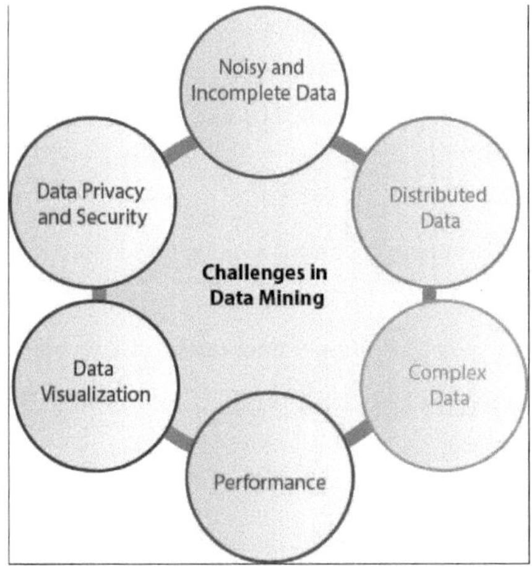

Fig. 1.2 Desafios da extração de dados

Dados incompletos e ruidosos

O processo de extração de dados úteis de grandes volumes de dados é a extração de dados. Os dados do mundo real são heterogéneos, incompletos e ruidosos. Os dados em grandes quantidades são normalmente imprecisos ou pouco fiáveis. Estes problemas podem ocorrer devido ao instrumento de medição de dados ou a erros humanos. Suponhamos que uma cadeia de retalho recolhe os números de telefone dos clientes que gastam mais de 500 dólares e que os funcionários da contabilidade introduzem a informação no seu sistema. A pessoa pode cometer um erro de digitação ao introduzir o número de telefone, o que resulta em dados incorrectos. Mesmo alguns clientes podem não estar dispostos a revelar os seus números de telefone, o que resulta em dados incompletos. Os dados podem ser alterados devido a um erro humano ou do sistema. Todas estas consequências (dados ruidosos e incompletos) tornam a extração de dados um desafio.

Distribuição de dados

Os dados do mundo real são normalmente armazenados em várias plataformas num ambiente de computação distribuída. Podem estar numa base de dados, em sistemas individuais ou mesmo na Internet. Na prática, é uma tarefa bastante difícil colocar todos os dados num repositório de dados centralizado, principalmente devido a preocupações organizacionais e técnicas. Por exemplo, vários escritórios regionais podem ter os seus próprios servidores para armazenar os seus dados. Não é viável armazenar todos os dados de todos os gabinetes num servidor central. Por conseguinte, a extração de dados exige o desenvolvimento de ferramentas e algoritmos que permitam a extração de dados distribuídos.

Dados complexos

Os dados do mundo real são heterogéneos e podem ser dados multimédia, incluindo áudio e vídeo, imagens, dados complexos, dados espaciais, séries cronológicas, etc. Gerir estes vários tipos de dados e extrair informações úteis é uma tarefa difícil. Na maior parte das vezes, é necessário aperfeiçoar novas tecnologias, novas ferramentas e metodologias para obter informações específicas.

Desempenho

O desempenho do sistema de extração de dados depende essencialmente da eficiência dos algoritmos e técnicas utilizados. Se o algoritmo e as técnicas concebidos não estiverem à altura, a eficiência do processo de extração de dados será afetada negativamente.

Privacidade e segurança dos dados

A extração de dados conduz normalmente a problemas graves em termos de segurança, governação e privacidade dos dados. Por exemplo, se um retalhista analisa os detalhes dos artigos comprados, revela dados sobre os hábitos de compra e as preferências dos clientes sem a sua autorização.

Visualização de dados

Na extração de dados, a visualização de dados é um processo muito importante porque é o principal método que mostra os resultados ao utilizador de uma forma apresentável. Os dados extraídos devem transmitir o significado exato do que se pretende expressar. Mas, muitas vezes, é difícil representar a informação para o utilizador final de uma forma precisa e fácil. Os dados de entrada e as informações de saída são complicados, pelo que é necessário implementar processos de visualização de dados muito eficientes e bem sucedidos para que o processo seja bem sucedido.

Capítulo 2 Pré-processamento

2.1 Introdução

O pré-processamento de dados é um passo importante no processo de extração de dados. Refere-se à limpeza, transformação e integração de dados para os tornar aptos para análise. O objetivo do pré-processamento de dados é melhorar a qualidade dos dados e torná-los mais adequados para a tarefa específica de extração de dados.

Alguns passos comuns no pré-processamento de dados incluem:

O pré-processamento de dados é um passo importante no processo de extração de dados que envolve a limpeza e a transformação de dados em bruto para os tornar adequados para análise. Alguns passos comuns no pré-processamento de dados incluem:

Limpeza de dados: Envolve a identificação e correção de erros ou inconsistências nos dados, como valores em falta, valores anómalos e duplicados. Podem ser utilizadas várias técnicas para a limpeza de dados, como a imputação, a remoção e a transformação.

Integração de dados: Trata-se de combinar dados de várias fontes para criar um conjunto de dados unificado. A integração de dados pode ser um desafio, pois requer o tratamento de dados com diferentes formatos, estruturas e semânticas. Técnicas como a ligação de registos e a fusão de dados podem ser utilizadas para a integração de dados.

Transformação de dados: Trata-se de converter os dados num formato adequado para análise. As técnicas comuns utilizadas na transformação de dados incluem normalização, padronização e discretização. A normalização é usada para escalar os dados para um intervalo comum, enquanto a padronização é usada para transformar os dados para que tenham média zero e variância unitária. A discretização é utilizada para converter dados contínuos em categorias discretas.

Redução de dados: Trata-se de reduzir o tamanho do conjunto de dados, preservando as informações importantes. A redução de dados pode ser conseguida através de técnicas como a seleção e a extração de caraterísticas. A seleção de caraterísticas envolve a seleção de um subconjunto de caraterísticas relevantes do conjunto de dados, enquanto a extração de caraterísticas envolve a transformação dos dados num espaço de dimensão inferior, preservando as informações importantes.

Discretização de dados: Envolve a divisão de dados contínuos em categorias ou intervalos discretos. A discretização é frequentemente utilizada em algoritmos de extração de dados e de aprendizagem automática que requerem dados categóricos. A discretização pode ser conseguida através de técnicas como a divisão por largura igual, a divisão por frequência igual e o agrupamento.

Normalização de dados: Envolve o escalonamento dos dados para um intervalo comum, como entre 0 e 1 ou -1 e 1. A normalização é frequentemente usada para lidar com dados com unidades e escalas diferentes. As técnicas de normalização comuns incluem a normalização min-max, a normalização de pontuação z e a escala decimal.

O pré-processamento de dados desempenha um papel crucial para garantir a qualidade dos dados e a exatidão dos resultados da análise. As etapas específicas envolvidas no pré-processamento de dados podem variar consoante a natureza dos dados e os objectivos da análise.

Ao executar estas etapas, o processo de extração de dados torna-se mais eficiente e os resultados mais precisos.

Pré-processamento na extração de dados:

O pré-processamento de dados é uma técnica de extração de dados que é utilizada para transformar os dados brutos num formato útil e eficiente.

2.2 Etapas envolvidas no pré-processamento de dados
2.2.1 Limpeza de dados

Os dados podem ter muitas partes irrelevantes e em falta. Para tratar esta parte, procede-se à limpeza dos dados. Trata-se de tratar os dados em falta, os dados com ruído, etc.

Dados em falta

Esta situação surge quando alguns dados estão em falta nos dados. Esta situação pode ser tratada de várias formas. Algumas delas são:

- **Ignorar as tuplas**

Esta abordagem só é adequada quando o conjunto de dados que temos é bastante grande e faltam vários valores numa tupla.

- **Preencher os valores em falta**

Existem várias formas de efetuar esta tarefa. Pode optar por preencher os valores em falta manualmente, pela média dos atributos ou pelo valor mais provável.

Dados ruidosos

Os dados ruidosos são dados sem significado que não podem ser interpretados pelas máquinas, podendo ser gerados devido a uma recolha de dados incorrecta, erros de introdução de dados, etc. Podem ser tratados das seguintes formas:

- **Método de Binning**

Este método funciona com dados ordenados para os suavizar. A totalidade dos dados é dividida em segmentos de igual dimensão e, em seguida, são executados vários métodos para completar a tarefa. Cada segmento é tratado separadamente. É possível substituir todos os dados de um segmento pela sua média ou podem ser utilizados valores-limite para completar a tarefa.

- **Regressão**

A regressão utilizada pode ser linear (com uma variável independente) ou múltipla (com várias variáveis independentes).

- **Agrupamento:**

Esta abordagem agrupa os dados semelhantes num cluster. Os valores anómalos podem não ser detectados ou ficar fora dos grupos.

2.2.2 Transformação de dados

Este passo é dado para transformar os dados em formas apropriadas para o processo de extração. Isto envolve as seguintes formas:

Normalização:

É feito para escalar os valores dos dados num intervalo especificado (-1,0 a 1,0 ou 0,0 a 1,0)

Seleção de atributos

Nesta estratégia, são construídos novos atributos a partir do conjunto de atributos dado para ajudar o processo de extração.

Discretização

Isto é feito para substituir os valores brutos do atributo numérico por níveis de intervalo ou níveis conceptuais.

Geração de hierarquia de conceitos

Aqui os atributos são convertidos do nível inferior para o nível superior na hierarquia. Por exemplo, o atributo "cidade" pode ser convertido em "país".

2.2.3 Redução de dados

A redução de dados é uma etapa crucial no processo de extração de dados que envolve a redução da dimensão do conjunto de dados, preservando as informações importantes. Isto é feito para melhorar a eficiência da análise de dados e para evitar o sobreajuste do modelo. Alguns passos comuns envolvidos na redução de dados são:

Seleção de caraterísticas: Trata-se de selecionar um subconjunto de caraterísticas relevantes do conjunto de dados. A seleção de caraterísticas é frequentemente realizada para remover caraterísticas irrelevantes ou redundantes do conjunto de dados. Pode ser efectuada utilizando várias técnicas, como a análise de correlação, a informação mútua e a análise de componentes principais (PCA).

Extração de caraterísticas: Trata-se de transformar os dados num espaço de dimensão inferior, preservando as informações importantes. A extração de caraterísticas é frequentemente utilizada quando as caraterísticas originais são altamente dimensionais e complexas. Pode ser efectuada utilizando técnicas como a PCA, a análise discriminante linear (LDA) e a factorização de matrizes não negativas (NMF).

Amostragem: Trata-se de selecionar um subconjunto de pontos de dados do conjunto de dados. A amostragem é frequentemente utilizada para reduzir a dimensão do conjunto de dados, preservando a informação importante. Pode ser efectuada utilizando técnicas como a amostragem aleatória, a amostragem estratificada e a amostragem sistemática.

Agrupamento: Envolve o agrupamento de pontos de dados semelhantes em clusters. O agrupamento é frequentemente utilizado para reduzir a dimensão do conjunto de dados, substituindo pontos de dados semelhantes por um centróide representativo. Pode ser efectuado utilizando técnicas como k-means, agrupamento hierárquico e agrupamento baseado na densidade.

Compressão: Trata-se de comprimir o conjunto de dados, preservando as informações importantes. A compressão é frequentemente utilizada para reduzir o tamanho do conjunto de dados para efeitos de armazenamento e transmissão. Pode ser efectuada utilizando técnicas como a compressão wavelet, a compressão JPEG e a compressão gzip.

Capítulo 3
Aprendizagem de regras de associação

A aprendizagem de regras de associação é um tipo de técnica de aprendizagem não supervisionada que verifica a dependência de um item de dados em relação a outro item de dados e mapeia-o em conformidade, para que possa ser mais rentável. Tenta encontrar algumas relações ou associações interessantes entre as variáveis do conjunto de dados. Baseia-se em diferentes regras para descobrir as relações interessantes entre as variáveis da base de dados.

A aprendizagem de regras de associação é um dos conceitos mais importantes da <u>aprendizagem automática</u> e é utilizada na análise do cabaz de compras, na extração de dados de utilização da Web, na produção contínua, etc. A análise do cabaz de compras é uma técnica utilizada pelos vários grandes retalhistas para descobrir as associações entre artigos. Podemos compreendê-la tomando como exemplo um supermercado, uma vez que, num supermercado, todos os produtos que são comprados em conjunto são colocados juntos.

Por exemplo, se um cliente compra pão, é muito provável que também possa comprar manteiga, ovos ou leite, pelo que estes produtos são armazenados numa prateleira ou, na sua maioria, nas proximidades. Considere o diagrama abaixo:

Fig. 3.1 Análise do cabaz de compras A aprendizagem de regras de associação pode ser

dividida em três tipos de algoritmos: **Apriori**

Eclat

Algoritmo de crescimento F-P

Iremos compreender estes algoritmos em capítulos posteriores.

3.1 Como é que a Aprendizagem por Regras de Associação funciona?

A aprendizagem de regras de associação funciona com base no conceito de declaração "se" e "senão", por exemplo, se A então B.

Neste caso, o elemento If é designado por **antecedente** e a afirmação é designada por

Consequent. Este tipo de relações, em que podemos descobrir uma associação ou relação entre dois itens, é conhecido *como cardinalidade simples*. Trata-se de criar regras e, se o número de itens aumentar, a cardinalidade também aumenta em conformidade. Assim, para medir as associações entre milhares de itens de dados, existem várias métricas. Estas métricas são o Apoio, a Confiança e a Elevação.

Apoio

O suporte é a frequência de A ou a frequência com que um item aparece no conjunto de dados. É definido como a fração da transação T que contém o conjunto de itens X. Se existirem X conjuntos de dados, então, para as transacções T, pode ser escrito como:

$$\text{Supp}(X) = \frac{Freq(X)}{T}$$

Confiança

A confiança indica a frequência com que a regra foi considerada verdadeira. Ou a frequência com que os itens X e Y ocorrem em conjunto no conjunto de dados quando a ocorrência de X já é conhecida. É o rácio entre a transação que contém X e Y e o número de registos que contêm X.

$$\text{Confidence} = \frac{Freq(X,Y)}{Freq(X)}$$

Elevador

É a força de qualquer regra, que pode ser definida pela seguinte fórmula:

$$\text{Lift} = \frac{Supp(X,Y)}{Supp(X) \times Supp(Y)}$$

É o rácio entre a medida de apoio observada e o apoio esperado se X e Y forem independentes um do outro. Tem três valores possíveis:

Se **Lift= 1**: A probabilidade de ocorrência do antecedente e do consequente é independente uma da outra.

Lift>1: determina o grau em que os dois conjuntos de itens são dependentes um do outro.

Lift<1: Diz-nos que um item é um substituto de outros itens, o que significa que um item tem um efeito negativo sobre outro.

3.2 Tipos de aprendizagem de regras de associação

A aprendizagem de regras de associação pode ser dividida em três algoritmos:

Algoritmo Apriori

Este algoritmo utiliza conjuntos de dados frequentes para gerar regras de associação. Foi concebido para funcionar nas bases de dados que contêm transacções. Este algoritmo utiliza uma pesquisa em primeiro lugar e uma árvore de hash para calcular o conjunto de itens de forma eficiente.

É utilizada principalmente para a análise de cabazes de compras e ajuda a compreender os produtos que podem ser comprados em conjunto. Também pode ser utilizada no domínio dos cuidados de saúde para encontrar reacções medicamentosas nos doentes.

Algoritmo Eclat

O algoritmo Eclat significa **Equivalence Class Transformation (transformação de classes de equivalência)**. Este algoritmo utiliza uma técnica de pesquisa em profundidade para encontrar conjuntos de itens frequentes numa base de dados de transacções. A sua execução é mais rápida do que a do algoritmo Apriori.

Algoritmo de crescimento F-P

O algoritmo de crescimento F-P significa **Frequent Pattern (padrão frequente)** e é a versão melhorada do algoritmo Apriori. Representa a base de dados sob a forma de uma estrutura em árvore que é conhecida como padrão ou árvore frequente. O objetivo desta árvore frequente é extrair os padrões mais frequentes.

3.3 Aplicações da aprendizagem de regras de associação

Tem várias aplicações na aprendizagem automática e na extração de dados. Seguem-se algumas aplicações populares da aprendizagem de regras de associação:

Análise do cabaz de compras: É um dos exemplos e aplicações mais populares da extração de regras de associação. Esta técnica é normalmente utilizada por grandes retalhistas para determinar a associação entre artigos.

Diagnóstico médico: Com a ajuda de regras de associação, os pacientes podem ser curados facilmente, uma vez que ajuda a identificar a probabilidade de doença para uma determinada doença.

Sequência de proteínas: As regras de associação ajudam a determinar a síntese de proteínas artificiais.

Também é utilizado para a **conceção de catálogos** e **análise de perdas** e muitas outras aplicações.

3.4 Benefícios

Há muitas vantagens na utilização de regras de associação, como encontrar o padrão que ajuda a compreender as correlações e co-ocorrências entre conjuntos de dados. Um bom exemplo do mundo real que utiliza regras de associação é a medicina. A medicina utiliza as regras de associação para ajudar a diagnosticar os doentes. Ao diagnosticar doentes, há muitas variáveis a considerar, uma vez que muitas doenças partilham sintomas semelhantes. Com a utilização das regras de associação, os médicos podem determinar a probabilidade condicional de uma doença comparando as relações entre os sintomas de casos anteriores.

3.5 Aspectos negativos

No entanto, as regras de associação também conduzem a muitas desvantagens diferentes, como encontrar o parâmetro adequado e as definições de limiar para o algoritmo de extração. Mas há também a desvantagem de ter um grande número de regras descobertas. A razão é que isso não garante que as regras sejam consideradas relevantes, mas também pode fazer com que o algoritmo tenha um baixo desempenho. Por vezes, os algoritmos implementados contêm demasiadas variáveis e parâmetros. Para alguém que não tenha um bom conceito de extração de dados, isto pode causar dificuldades na sua compreensão.

Capítulo 4
Classificação

A classificação é uma tarefa na extração de dados que envolve a atribuição de uma etiqueta de classe a cada instância nmconjunto de dados com base nas suas caraterísticas. O objetivo da classificação é construir um modelo que preveja com precisão as etiquetas de classe de novas instâncias com base nas suas caraterísticas.

Existem dois tipos principais de classificação: classificação binária e classificação multi-classe. A classificação binária envolve a classificação de instâncias em duas classes, como "spam" ou "não spam", enquanto a classificação multi-classe envolve a classificação de instâncias em mais de duas classes.

4.1 Etapas da classificação

O processo de construção de um modelo de classificação envolve normalmente os seguintes passos:

Recolha de dados:

O primeiro passo na construção de um modelo de classificação é a recolha de dados. Nesta etapa, são recolhidos os dados relevantes para o problema em causa. Os dados devem ser representativos do problema e devem conter todos os atributos e rótulos necessários para a classificação. Os dados podem ser recolhidos de várias fontes, tais como inquéritos, questionários, sítios Web e bases de dados.

Pré-processamento de dados:

O segundo passo na construção de um modelo de classificação é o pré-processamento dos dados. Os dados recolhidos têm de ser pré-processados para garantir a sua qualidade. Isto implica tratar os valores em falta, lidar com os valores anómalos e transformar os dados num formato adequado para análise. O pré-processamento de dados também envolve a conversão dos dados em formato numérico, uma vez que a maioria dos algoritmos de classificação requerem dados numéricos.

Tratamento de valores em falta: Os valores em falta no conjunto de dados podem ser tratados substituindo-os pela média, mediana ou moda da caraterística correspondente ou removendo todo o registo.

Lidar com valores atípicos: Os valores anómalos no conjunto de dados podem ser detectados utilizando várias técnicas estatísticas, como a análise de pontuação z, boxplots e gráficos de dispersão. Os valores anómalos podem ser removidos do conjunto de dados ou substituídos pela média, mediana ou moda da caraterística correspondente.

Transformação de dados: A transformação de dados envolve o escalonamento ou a normalização dos dados para os colocar numa escala comum. Isto é feito para garantir que todas as caraterísticas tenham o mesmo nível de importância na análise.

Seleção de caraterísticas:

O terceiro passo na construção de um modelo de classificação é a seleção de caraterísticas. A seleção de caraterísticas consiste em identificar os atributos mais relevantes do conjunto de dados para classificação. Isto pode ser feito utilizando várias técnicas, como a análise de correlação, o ganho de informação e a análise de componentes principais.

Análise de correlação: A análise de correlação envolve a identificação da correlação entre as caraterísticas do conjunto de dados. As caraterísticas que estão altamente correlacionadas entre si podem ser removidas, uma vez que não fornecem informações adicionais para a classificação.

Ganho de informação: O ganho de informação é uma medida da quantidade de informação que uma caraterística fornece para a classificação. As caraterísticas com um ganho de informação elevado são selecionadas para classificação.

Análise de componentes principais:

A análise de componentes principais (PCA) é uma técnica utilizada para reduzir a dimensionalidade do conjunto de dados. A PCA identifica as caraterísticas mais importantes do conjunto de dados e elimina as redundantes.

Seleção de modelos:

A quarta etapa na construção de um modelo de classificação é a seleção do modelo. A seleção do modelo consiste em selecionar o algoritmo de classificação adequado para o problema em questão. Existem vários algoritmos disponíveis, tais como árvores de decisão, máquinas de vectores de suporte e redes neuronais. Árvores de decisão: As árvores de decisão são um algoritmo de classificação simples mas poderoso. Dividem o conjunto de dados em subconjuntos mais pequenos com base nos valores das caraterísticas e constroem um modelo em forma de árvore que pode ser utilizado para classificação.

Máquinas de vectores de suporte: As máquinas de vectores de suporte (SVMs) são um algoritmo de classificação popular utilizado para problemas de classificação lineares e não lineares. As SVMs baseiam-se no conceito de margem máxima, que envolve encontrar o hiperplano que maximiza a distância entre as duas classes.

Redes Neuronais:

As Redes Neuronais são um poderoso algoritmo de classificação que pode aprender padrões complexos nos dados. Inspiram-se na estrutura do cérebro humano e são constituídas por várias camadas de nós interligados.

Formação de modelos:

A quinta etapa na construção de um modelo de classificação é o treino do modelo. O treino do modelo envolve a utilização do algoritmo de classificação selecionado para aprender os padrões nos dados. Os dados são divididos num conjunto de treino e num conjunto de validação. O modelo é treinado utilizando o conjunto de treino e o seu desempenho é avaliado no conjunto de validação.

Avaliação do modelo:

O sexto passo na construção de um modelo de classificação é a avaliação do modelo. A avaliação do modelo consiste em avaliar o desempenho do modelo treinado num conjunto de teste. Isto é feito para garantir que o modelo generaliza bem

A classificação é uma técnica amplamente utilizada na extração de dados e é aplicada numa variedade de domínios, como a filtragem de correio eletrónico, a análise de sentimentos e o diagnóstico médico.

4.2 Fases de classificação

A classificação é uma tarefa de análise de dados, ou seja, o processo de encontrar um modelo que descreva e distinga classes e conceitos de dados. A classificação é o problema de identificar a qual de um conjunto de categorias (subpopulações) pertence uma nova observação, com base num conjunto de dados de treino que contém observações e cuja pertença a categorias é conhecida.

Exemplo: Antes de iniciar qualquer projeto, é necessário verificar a sua viabilidade. Neste caso, é necessário um classificador para prever etiquetas de classe como "Seguro" e "Arriscado" para adotar o projeto e para o aprovar posteriormente. Trata-se de um processo em duas fases, nomeadamente

Etapa de aprendizagem (fase de treino):   Construção do modelo de classificação São utilizados diferentes algoritmos para construir um classificador, fazendo com que o modelo aprenda utilizando o conjunto de treino disponível. O modelo tem de ser treinado para prever resultados exactos.

Etapa de classificação: Modelo utilizado para prever as etiquetas das classes e testar o modelo construído em dados de teste e, assim, estimar a exatidão das regras de classificação. Os dados de teste são utilizados para estimar a exatidão da regra de classificação

Formação e testes:

Suponhamos que uma pessoa está sentada debaixo de uma ventoinha e que esta começa a cair-lhe em cima, ela deve afastar-se para não se magoar. Portanto, esta é a sua parte de treino para se afastar. Durante o teste, se a pessoa vir um objeto pesado a vir na sua direção ou a cair em cima dela e se afastar, o sistema é testado positivamente e, se a pessoa não se afastar, o sistema é testado negativamente.

O mesmo acontece com os dados, que devem ser treinados para se obterem os melhores e mais exactos resultados.

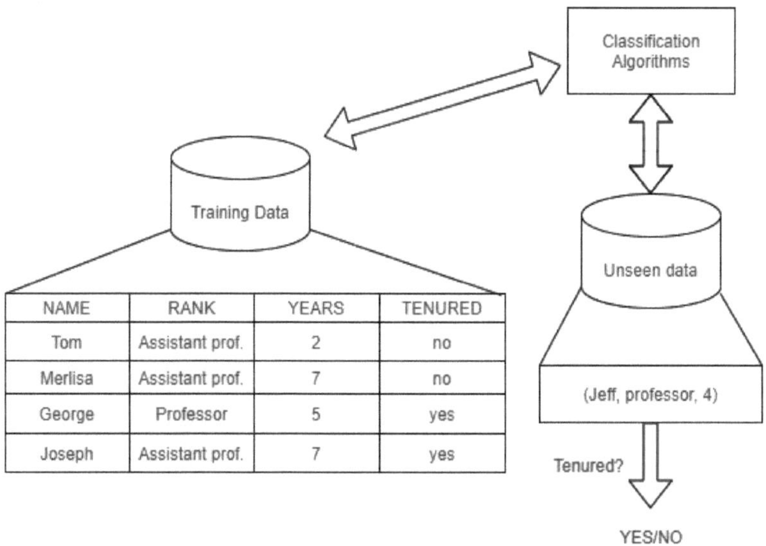

NAME	RANK	YEARS	TENURED
Tom	Assistant prof.	2	no
Merlisa	Assistant prof.	7	no
George	Professor	5	yes
Joseph	Assistant prof.	7	yes

Fig. 4.1 Modelo de classificação

4.3 Tipos de etiquetas de classe

Há certos tipos de dados associados à prospeção de dados que, na realidade, nos indicam o formato do ficheiro (se está em formato de texto ou em formato numérico).

Atributos - Representam diferentes caraterísticas de um objeto. Os diferentes tipos de atributos são:

Binário: Possui apenas dois valores, ou seja, Verdadeiro ou Falso.

Exemplo: Suponhamos que existe um inquérito que avalia alguns produtos. Precisamos de verificar se é útil ou não.   Assim, o Cliente tem de responder Sim ou Não. Utilidade do produto: Sim / Não

Simétrico: ambos os valores são igualmente importantes em todos os aspectos

Assimétrico: Quando ambos os valores podem não ser importantes.

Nominal: Quando são possíveis mais do que dois resultados. Apresenta-se sob a forma de alfabeto, em vez de estar sob a forma de número inteiro.

Exemplo: É necessário escolher um material, mas de cores diferentes. Assim, a cor pode ser Amarelo, Verde, Preto, Vermelho.

Cores diferentes: Vermelho, verde, preto, amarelo

Ordinais: Valores que devem ter uma ordem significativa.

Exemplo: Suponhamos que existem folhas de notas de alguns alunos que podem conter notas diferentes consoante o seu desempenho, tais como A, B, C, D.

Notas: A, B, C, D

Contínuo: Pode ter um número infinito de valores, é do tipo float Exemplo: Medir o peso de alguns alunos numa sequência ou de forma ordenada, ou seja, 50, 51, 52, 53.

Peso: 50, 51, 52, 53

Discreto: Número finito de valores.

Exemplo: Notas de um aluno nas   disciplinas : 65, 70,   75,   80,   90
Marcas: 65, 70, 75, 80, 90

Sintaxe:

Notação matemática: A classificação baseia-se na construção de uma função que toma o vetor de caraterísticas de entrada "X" e prevê o seu resultado "Y" (resposta qualitativa que toma valores no conjunto C)

Neste caso, é utilizado um classificador (ou modelo) que é uma função supervisionada, que pode ser concebida manualmente com base nos conhecimentos de um perito. Foi construído para prever etiquetas de classe (Exemplo: Etiqueta - "Sim" ou "Não" para a aprovação de um determinado evento).

4.4 Tipos de classificadores

Os classificadores podem ser categorizados em dois tipos principais:

Discriminativo: É um classificador muito básico e determina apenas uma classe para cada linha de dados. Tenta modelar apenas em função dos dados observados, depende muito da qualidade dos dados e não das distribuições.

Exemplo: Regressão logística

Generativo: Modela a distribuição das classes individuais e tenta aprender o modelo que gera os dados nos bastidores, estimando os pressupostos e as distribuições do modelo. Utilizado para prever os dados não vistos.

Exemplo: Classificador Naive Bayes.

Detetar e-mails de Spam olhando para os dados anteriores. Suponhamos que 100 mensagens de correio eletrónico são divididas em 1:4, ou seja, Classe A: 25% (mensagens de correio eletrónico spam) e Classe B: 75% (mensagens de correio eletrónico não spam). Agora, se um utilizador quiser verificar se uma mensagem de correio eletrónico contém a palavra "barato", então essa mensagem pode ser considerada Spam.

Parece que na Classe A (ou seja, em 25% dos dados), 20 em 25 mensagens de correio eletrónico são spam e as restantes não. E na classe B (ou seja, em 75% dos dados), 70 de 75 mensagens de correio eletrónico não são spam e as restantes são spam. Assim, se o correio eletrónico contiver a palavra "barato", qual é a probabilidade de ser spam? (= 80%).

4.5 Tipos de classificadores na aprendizagem automática

Existem muitos tipos de classificações na extração de dados utilizados na aprendizagem automática. Algumas das mais populares são descritas de seguida:

Regressão logística

Uma vez que a regressão logística apenas considera resultados binários, os resultados são bastante simples. Este algoritmo pode interpretar os dados como verdadeiros ou falsos, positivos ou negativos, aprovados ou reprovados, ou qualquer resultado alternativo com apenas dois resultados lógicos. Ajuda a prever uma variável dependente categórica a partir do conjunto de factores independentes.

Uma vez que a técnica utiliza uma estrutura binária, pode tratar qualquer afirmação verdadeira ou falsa. Consequentemente, uma técnica de regressão logística pode ser utilizada de forma eficiente para tarefas como o reconhecimento de objectos, que permite ao software de reconhecimento de imagens identificar objectos em imagens comparando-as com a sua coleção de exemplos.

Naive Bayes

Este algoritmo determina a probabilidade de um determinado dado pertencer a uma categoria específica e, em seguida, classifica os dados de acordo com essa probabilidade. A utilização do Naive Bayes inclui a classificação através de enormes quantidades de dados para localizar peças específicas relevantes para um tópico.

Regressão linear

A regressão linear utiliza a aprendizagem supervisionada para executar a regressão. Utiliza variáveis independentes para modelar um valor de previsão. Através deste método, é possível analisar a relação entre determinadas variáveis e efetuar previsões com base nos resultados desta análise. Prevê o valor da variável dependente em função de uma determinada variável independente, identificando a relação linear entre as duas variáveis.

K-vizinhos mais próximos

Esta classificação na extração de dados utiliza associações para categorizar dados com base na proximidade entre eles. Utilizando a proximidade como um classificador, é possível prever como um único ponto de dados será classificado. Os K-nearest neighbours são úteis quando se lida com grandes quantidades de dados.

Máquinas de vetor de suporte

O classificador da máquina de vectores de suporte (SVM) separa os dados traçando uma linha entre duas classes, dividindo-os essencialmente em duas categorias com base em semelhanças e diferenças. As categorias dos pontos de dados recém-adicionados são previstas com base no lado da linha em que se enquadram, uma vez mapeados dentro da mesma área. Os SVMs são vantajosos em espaços de elevada dimensão, eficientes em termos de memória e versáteis.

Floresta aleatória

Este tipo de classificação utiliza os resultados do cálculo da média de um grande grupo de árvores de decisão para as agrupar em vários subconjuntos de dados. O valor da subamostra é sempre idêntico ao tamanho da amostra de entrada. Esta abordagem utiliza o método de ensacamento para produzir uma floresta a partir da coleção de árvores de decisão. A abordagem de ensacamento combina vários modelos de aprendizagem e melhora o resultado final.

4.6 Aplicações da classificação dos sistemas de extração de dados

- Marketing e análise de clientes

Os profissionais de marketing centram-se na segmentação de audiências utilizando algoritmos de classificação na extração de dados. Os profissionais de marketing concentram-se na segmentação do público-alvo utilizando algoritmos de classificação na extração de dados. Assim, o marketing e a análise de clientes são possíveis com estratégias de marketing eficientes e rigor.

- Deteção e prevenção de fraudes

Torna-se importante para as instituições financeiras mapear os perfis que merecem aprovação de empréstimos e cartões. Assim, utilizam a classificação na extração de dados para identificar fraudes, o que ajuda a promover apenas a aprovação autêntica de empréstimos e cartões.

- Diagnóstico médico

Diversos profissionais de saúde utilizam o poder dos algoritmos de classificação na extração de dados para segmentar o risco de diversas doenças.

4.7 Vantagens

o	Reconhecimento de padrões: Os algoritmos de classificação podem identificar padrões e relações nos dados, ajudando a descobrir informações e tendências ocultas que podem não ser visíveis à primeira vista.

o	Tomada de decisões: Os modelos de classificação podem auxiliar os processos de tomada de decisão, fornecendo previsões ou recomendações baseadas em dados históricos, permitindo decisões mais informadas e baseadas em dados.

o	Análise preditiva: Ao classificar os dados em diferentes categorias, os modelos de classificação podem ser utilizados para a análise preditiva, prevendo resultados ou tendências futuras com base em observações passadas.

o	Automatização: Os algoritmos de classificação automatizam o processo de categorização de dados, reduzindo a necessidade de intervenção manual e poupando tempo e recursos.

o	Escalabilidade: As técnicas de classificação são escaláveis e podem tratar grandes volumes de dados de forma eficiente, o que as torna adequadas para analisar grandes conjuntos de dados em vários sectores, como o financeiro, a saúde e o marketing.

4.8 Desvantagens

o Sobreajuste: Os modelos de classificação podem tornar-se demasiado complexos e ajustarem-se demasiado aos dados de treino, resultando numa fraca generalização e em previsões incorrectas sobre dados novos ou não vistos.

o Questões relacionadas com a qualidade dos dados: A exatidão da classificação depende em grande medida da qualidade e relevância dos dados de entrada. Dados de má qualidade, valores em falta ou amostras enviesadas podem levar a resultados de classificação enviesados ou pouco fiáveis.

o Interpretabilidade: Alguns algoritmos de classificação, como os modelos de aprendizagem profunda, são intrinsecamente complexos e difíceis de interpretar. Compreender como estes modelos chegam às suas previsões pode ser um desafio, limitando a sua transparência e fiabilidade.

o Dados desequilibrados: Conjuntos de dados desequilibrados, em que uma classe é significativamente mais predominante do que outras, podem distorcer o desempenho dos modelos de classificação e levar a previsões tendenciosas.

o Complexidade computacional: Certos algoritmos de classificação, particularmente os que envolvem cálculos complexos ou requerem recursos computacionais extensos, podem ser computacionalmente intensivos e demorados.

Capítulo 5 Previsão

Outro processo de análise de dados é a previsão. É utilizado para encontrar um resultado numérico. Tal como na classificação, o conjunto de dados de treino contém as entradas e os valores numéricos de saída correspondentes. O algoritmo deriva o modelo ou um preditor de acordo com o conjunto de dados de treino. O modelo deve encontrar uma saída numérica quando os novos dados são fornecidos. Ao contrário da classificação, este método não tem uma etiqueta de classe. O modelo prevê uma função de valor contínuo ou um valor ordenado.

A regressão é geralmente utilizada para a previsão que estabelece uma relação entre uma variável dependente e algumas variáveis independentes. A variável dependente é também designada por variável de resposta e a variável independente é também designada por variável de previsão. Utilizaremos estes termos com bastante frequência nas próximas secções.

Vamos tentar compreendê-lo melhor com um exemplo. Digamos que o preço de um carro depende da sua potência, do número de lugares e da sua velocidade máxima. Neste exemplo, o automóvel torna-se a variável dependente, enquanto a potência, o número de lugares e a velocidade máxima são variáveis independentes. Se tivermos um registo de dados que contenha registos anteriores do preço dos automóveis com as suas caraterísticas, podemos construir um modelo de regressão para prever o preço de um automóvel em função da sua potência, número de lugares e velocidade máxima.

5.1 Tipos de regressão na extração de dados

Agora que já sabemos o que é a regressão, vamos ver os vários tipos de regressão na extração de dados. Embora existam muitos modelos de regressão, alguns dos modelos mais comuns são discutidos a seguir.

5.1.1 Regressão linear

A regressão linear é o tipo mais básico de regressão na extração de dados. Este modelo de regressão assume que a variável **dependente** tem uma relação linear com as variáveis **independentes**. Como qualquer outro modelo de regressão, a regressão linear tem como objetivo encontrar a curva que melhor se ajusta para prever valores futuros.

A equação geral de um modelo de regressão linear é dada por:
y = a1.x + a2 + e

Nesta equação, **a1** é o declive, **a2** é a interceção e **e** é a quantidade de erro. O declive indica a taxa de variação da variável dependente em função da diferença entre as quantidades independentes. Em contrapartida, a interceção indica o valor da variável dependente quando a variável independente é **zero**. O gráfico de um modelo de regressão linear tem o aspeto da Fig. 5.1.

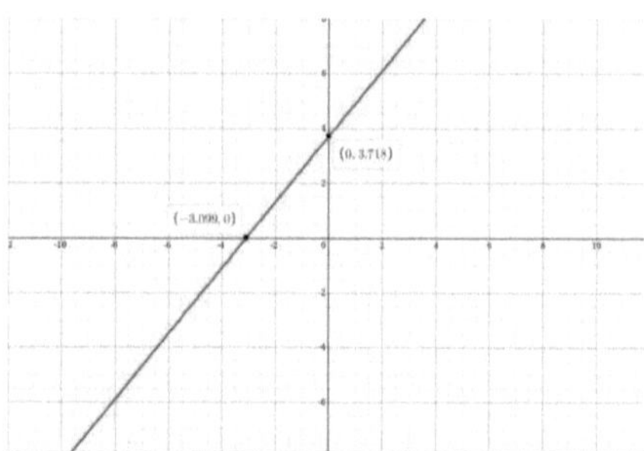

Fig. 5.1. Regressão Linear

5.1.2 Regressão polinomial

Na Regressão polinomial, a relação entre a variável dependente e a variável independente é assumida como um polinómio de grau n, em que n se situa no intervalo de **[2, infinito]**. Quanto mais elevado for o grau do polinómio, maior é a sua precisão.

A equação geral da Regressão polinomial tem o seguinte aspeto.

y = a0 + a1x + a2x^2 + a3x^3

Esta é uma equação polinomial do 3º grau. Aqui a0, a1, a2 e a3 são os coeficientes. O gráfico de exemplo de uma regressão polinomial é apresentado na Fig. 5.2.

5.1.3 Regressão logística

A regressão logística é geralmente utilizada quando a variável dependente é **binária** (verdadeira ou falsa) ou **multinomial** (baixa, média, alta). A regressão logística é uma técnica baseada na previsão para prever a probabilidade da variável dependente com base nos valores da variável independente.

A equação seguinte apresenta a equação de um modelo de regressão logística.

y = 1/(1 + exp(-z))

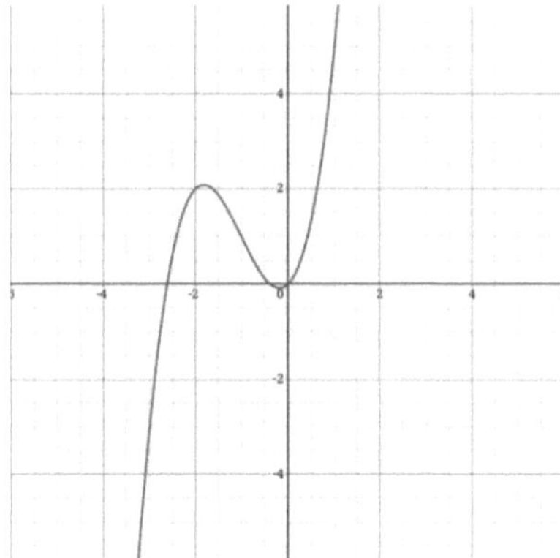

Fig. 5.2. Regressão polinomial

Nesta equação, **y** é a probabilidade de a variável dependente assumir um determinado valor e **z** é a combinação das variáveis independentes. O valor de **y** situa-se entre **0** e **1**. O gráfico da regressão logística tem o aspeto da Fig. 5.3.

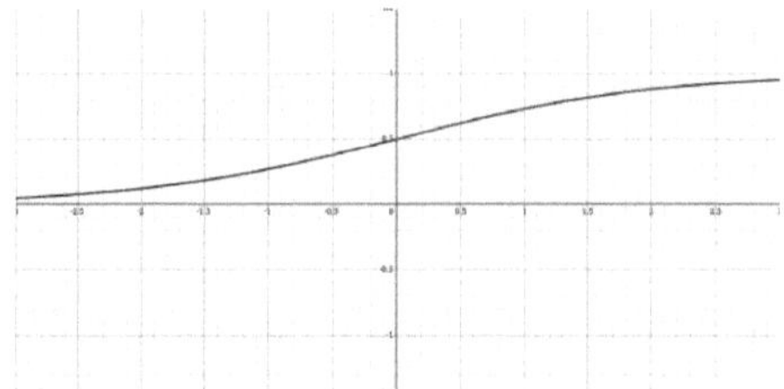

Fig. 5.3. Regressão logística

5.1.4 Regressão de cumeeira

A regressão de cumeeira é uma técnica que adiciona um termo de penalização à função de custo **dos mínimos quadrados ordinários**. A regressão em cumeeira é utilizada para resolver o problema da multicolinearidade. A multicolinearidade ocorre quando as próprias variáveis independentes as correlacionam. Ao compensar os coeficientes na regressão em cumeeira, o efeito da multicolinearidade pode ser reduzido e tornar o modelo mais estável.

5.1.5 Regressão Lasso

Tal como a regressão Ridge, **a regressão Lasso** também adiciona um termo de penalização à função de custo **dos mínimos quadrados ordinários**. LASSO significa Least Absolute Shrinkage and Selection Operator (operador de seleção e redução mínima absoluta). Como a definição sugere, usamos a regressão Lasso para minimizar os efeitos do coeficiente.

A diferença significativa entre a regressão Lasso e a regressão Ridge é a forma como podem afetar os coeficientes. Enquanto a regressão Lasso pode efetivamente reduzir os coeficientes a zero, a regressão de cumeeira não pode.

5.2 Diferença entre regressão, classificação e agrupamento na extração de dados

Tabela 5.1. Diferença entre Regressão, Classificação e Clustering.

Parâmetro	Regressão	Classificação	Agrupamento
Objetivo	Prever um contínuo resultado	Atribuir pontos a categorias predefinidas	Gruposimilar data pontos em conjunto
Saída	Valores contínuos	Classes discretas	Aglomerados não etiquetados
Supervisão	Aprendizagem supervisionada	Aprendizagem supervisionada	Aprendizagem não supervisionada
Exemplo	Casa de previsões preços	Classificação de e-mails como spam ou não spam	Segmentação de clientes com base no comportamento
Tipos de algoritmos	Regressão regressão, regressão polinomial	Árvores de decisão , regressão, máquinas de vectores de suporte	K-means, agrupamento hierárquico, DBSCAN
Avaliação	Erro médio quadrático (MSE), R-quadrado	Exatidão, precisão, recordação, Pontuação F1	Silhuetascore , Índice de Davies-Bouldin

5.3 Aplicações da regressão na extração de dados

A regressão desempenha um papel importante na extração de dados. Algumas das principais aplicações da regressão são apresentadas de seguida.

Finanças - Os modelos de regressão são amplamente utilizados no sector financeiro para analisar métricas relacionadas com dinheiro. Podem ser utilizados para estudar e prever o impacto futuro de factores como o PIB (Produto Interno Bruto).

Marketing - A regressão é também utilizada na indústria do marketing para compreender o comportamento do consumidor e ajuda a empresa a prever e identificar os seus objectivos.

Projeção futura - Com a ajuda da Regressão e das estatísticas de dados actuais, podemos projetar tendências futuras e fazer previsões baseadas em dados.

Cuidados de saúde - A regressão também desempenha um papel fundamental no sector da investigação médica. É utilizada para examinar medicamentos, prever o número futuro de doentes de uma determinada doença, etc., o que é útil para fins de investigação.

Capítulo 6
Agrupamento

O agrupamento é um algoritmo não supervisionado baseado na aprendizagem de máquinas que inclui um grupo de pontos de dados em agrupamentos de modo a que os objectos pertençam ao mesmo grupo.

O agrupamento ajuda a dividir os dados em vários subconjuntos. Cada um destes subconjuntos contém dados semelhantes uns aos outros, e estes subconjuntos são designados por clusters. Agora que os dados da nossa base de clientes estão divididos em clusters, podemos tomar uma decisão informada sobre quem achamos que é mais adequado para este produto.

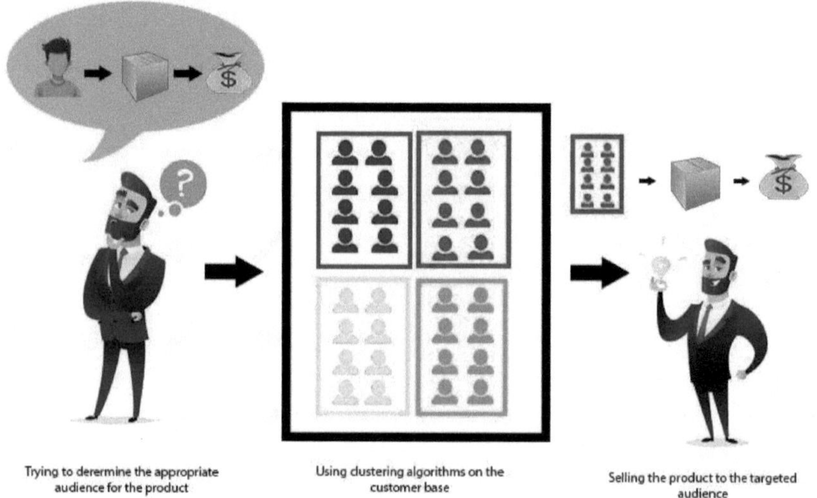

Fig. 6.1 Uma das aplicações de Clustering

Vamos entender isto com um exemplo: suponhamos que somos um gestor de mercado e temos um novo produto tentador para vender. Temos a certeza de que o produto trará enormes lucros, desde que seja vendido às pessoas certas. Então, como é que podemos saber quem é mais adequado para o produto a partir da enorme base de clientes da nossa empresa?

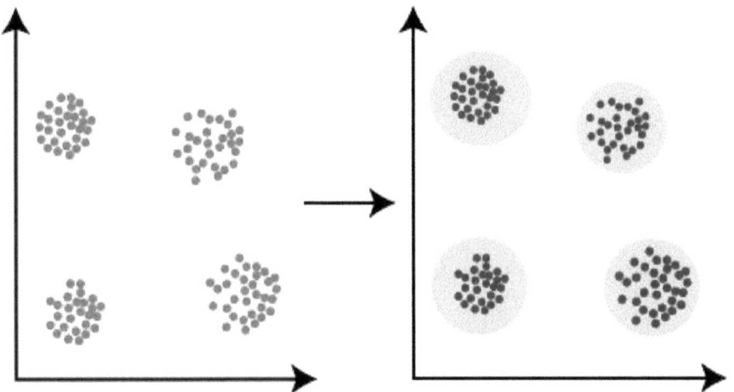

Fig. 6.2 Processo de agrupamento

O agrupamento, que se insere na categoria de **aprendizagem automática não supervisionada**, é um dos problemas que os algoritmos de aprendizagem automática resolvem.

O agrupamento utiliza apenas dados de entrada para determinar padrões, anomalias ou semelhanças nos seus dados de entrada.

Um bom algoritmo de agrupamento tem como objetivo obter agrupamentos cujo:

As semelhanças intra-cluster são elevadas, o que implica que os dados presentes no interior do cluster são semelhantes entre si.

A semelhança inter-cluster é baixa, o que significa que cada cluster contém dados que não são semelhantes a outros dados.

6.1 O que é um Cluster?

Um cluster é um subconjunto de objectos semelhantes

Um subconjunto de objectos em que a distância entre qualquer um dos dois objectos do agrupamento é inferior à distância entre qualquer objeto do agrupamento e qualquer objeto que não esteja localizado no mesmo.

Uma região ligada de um espaço multidimensional com uma densidade comparativamente elevada de objectos. O agrupamento é o método de conversão de um grupo de objectos abstractos em classes de objectos semelhantes.

O agrupamento é um método de partição de um conjunto de dados ou objectos num conjunto de subclasses significativas denominadas clusters.

Ajuda os utilizadores a compreender a estrutura ou o agrupamento natural num conjunto de dados e é utilizado como um instrumento autónomo para obter uma melhor visão da distribuição dos dados ou como uma etapa de pré-processamento para outros algoritmos.

Pontos importantes:

Os objectos de dados de um cluster podem ser considerados como um grupo.

Em primeiro lugar, dividimos o conjunto de informações em grupos ao efetuar a análise de clusters. Esta baseia-se nas semelhanças entre os dados e, em seguida, atribui os níveis aos grupos.

A principal vantagem da sobreclassificação é o facto de ser adaptável a modificações e de ajudar a destacar caraterísticas importantes que diferenciam grupos distintos.

Porque é que o agrupamento é utilizado na extração de dados?

A análise de agrupamentos tem sido um problema em evolução na extração de dados devido à sua variedade de aplicações. O aparecimento de várias ferramentas de agrupamento de dados nos últimos anos e a sua utilização abrangente numa vasta gama de aplicações, incluindo o processamento de imagens, a biologia computacional, as comunicações móveis, a medicina e a economia, devem contribuir para a popularidade destes algoritmos. O principal problema dos algoritmos de agrupamento de dados é o facto de não poderem ser normalizados. O algoritmo avançado pode dar os melhores resultados com um tipo de conjunto de dados, mas pode falhar ou ter um desempenho fraco com outros tipos de conjuntos de dados. Embora tenham sido feitos muitos esforços para normalizar os algoritmos que podem ter um bom desempenho em todas as situações, até à data não se conseguiu nenhum resultado significativo. Até à data, foram propostas muitas ferramentas de agrupamento.

6.2 Vantagens da escalabilidade do clustering:

A escalabilidade no agrupamento implica que, à medida que aumentamos a quantidade de objectos de dados, o tempo para efetuar o agrupamento deve ser aproximadamente proporcional à ordem de complexidade do algoritmo. Por exemplo, se efectuarmos um agrupamento de meios K, sabemos que é $O(n)$, em que n é o número de objectos nos dados. Se aumentarmos o número de objectos de dados 10 vezes, então o tempo necessário para os agrupar também deverá aumentar aproximadamente 10 vezes. Isto significa que deve existir uma relação linear. Se não for esse o caso, então existe algum erro no nosso processo de implementação.

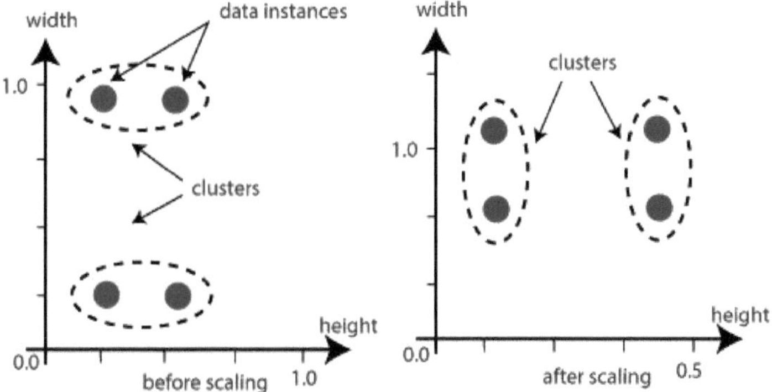

Fig. 6.3 Formação de clusters

Os dados devem ser escaláveis; se não forem escaláveis, não podemos obter o resultado adequado. A figura ilustra o exemplo gráfico que pode conduzir a um resultado incorreto.

Interpretabilidade

Os resultados do agrupamento devem ser interpretáveis, compreensíveis e utilizáveis.

Descoberta de clusters com forma de atributo

O algoritmo de agrupamento deve ser capaz de encontrar agrupamentos de formas arbitrárias. Não devem limitar-se apenas a medidas de distância que tendem a descobrir um agrupamento esférico de pequenas dimensões.

Capacidade de lidar com diferentes tipos de atributos

Os algoritmos devem poder ser aplicados a quaisquer dados, tais como dados baseados em intervalos (numéricos), dados binários e dados categóricos.

Capacidade de lidar com dados ruidosos

As bases de dados contêm dados com ruído, em falta ou incorrectos. Poucos algoritmos são sensíveis a esses dados e podem resultar em agrupamentos de fraca qualidade.

Elevada dimensionalidade

As ferramentas de agrupamento devem ser capazes de lidar não só com o espaço de dados de elevada dimensão, mas também com o espaço de baixa dimensão.

6.3 Métodos de agrupamento na extração de dados

Existem várias técnicas de agrupamento na extração de dados, cada uma com os seus pontos fortes e fracos. Algumas das técnicas de agrupamento mais utilizadas na extração de dados incluem

Agrupamento K-means

O agrupamento K-means é um método de partição que divide os pontos de dados em k clusters, em que k é um número predefinido. Funciona movendo iterativamente o centróide de cada agrupamento para a média dos pontos de dados que lhe foram atribuídos até à convergência. O objetivo do K-means é minimizar a soma das distâncias quadráticas entre cada ponto de dados e o centróide do agrupamento que lhe foi atribuído.

Agrupamento hierárquico

A agregação hierárquica na extração de dados é um método que constrói uma hierarquia de agregados em forma de árvore, quer através da fusão de agregados mais pequenos em agregados maiores (aglomerativa ou ascendente), quer através da divisão de agregados maiores em agregados mais pequenos (divisiva ou descendente). Não requer um número pré-definido de clusters.

Agrupamento baseado na densidade

O agrupamento baseado na densidade é um método que identifica os agrupamentos com base em regiões de elevada densidade no espaço de dados. Os pontos que não se encontram em nenhuma região de elevada densidade são considerados ruído ou valores atípicos. O algoritmo de agrupamento baseado na densidade mais comummente utilizado é o DBSCAN.

Agrupamento baseado em modelos

O agrupamento baseado em modelos é um método que assume que um modelo probabilístico, como uma mistura de distribuições Gaussianas, gera os pontos de dados. Procura identificar os parâmetros do modelo que melhor se ajustam aos dados e atribui os pontos de dados a agrupamentos com base na sua probabilidade segundo o modelo.

Fuzzy Clustering

O agrupamento difuso é um método que atribui pontos de dados a agrupamentos com base no seu grau de pertença a cada agrupamento. Isto permite que um ponto de dados pertença a vários clusters com diferentes graus de associação.

6.4 Aplicações de Clustering na extração de dados

O agrupamento é uma técnica muito utilizada na extração de dados e tem numerosas aplicações em vários domínios. Algumas das aplicações comuns do agrupamento na extração de dados incluem

Segmentação de clientes

As técnicas de agrupamento na extração de dados podem ser utilizadas para agrupar clientes com comportamentos, preferências e padrões de compra semelhantes para criar campanhas de marketing mais direcionadas.

Segmentação de imagens

As técnicas de agrupamento na extração de dados podem ser utilizadas para segmentar imagens em diferentes regiões com base nos seus valores de pixel, o que pode ser útil para tarefas como o reconhecimento de objectos e a compressão de imagens.

Deteção de anomalias

As técnicas de clustering na extração de dados podem ser utilizadas para identificar valores atípicos ou anomalias em conjuntos de dados que se desviam significativamente do comportamento normal.

Extração de texto

As técnicas de agrupamento na extração de dados podem ser utilizadas para agrupar documentos ou textos com conteúdo semelhante, o que pode ser útil para tarefas como a sumarização de documentos e a modelação de tópicos.

Análise de dados biológicos

As técnicas de agrupamento na extração de dados podem ser utilizadas para agrupar genes ou proteínas com caraterísticas ou padrões de expressão semelhantes, o que pode ser útil para tarefas como a descoberta de medicamentos e o diagnóstico de doenças.

Sistemas de recomendação

As técnicas de agrupamento na extração de dados podem ser utilizadas para agrupar utilizadores com interesses ou comportamentos semelhantes para criar recomendações mais personalizadas para produtos ou serviços.

Capítulo 7
Análise de Outlier

Como o nome sugere, os "outliers" referem-se aos pontos de dados que existem fora do que é expetável. O principal aspeto dos valores atípicos é o que se faz com eles. Se vai analisar qualquer tarefa de análise de conjuntos de dados, terá sempre algumas suposições baseadas na forma como esses dados são gerados. Se encontrar alguns pontos de dados que possam conter alguma forma de erro,trata-se definitivamente de valores anómalos e, dependendo do contexto, é necessário ultrapassar esses erros. O processo de extração de dados envolve a análise e a previsão dos dados que os dados contêm. Em 1969, Grubbs introduziu a primeira definição de outliers.

7.1 Diferença entre valores anómalos e ruído

Qualquer erro indesejado ocorre numa variável previamente medida ou existe uma variação na variável previamente medida, designada por ruído. Antes de encontrar os valores anómalos presentes em qualquer conjunto de dados, recomenda-se que se remova primeiro o ruído.

7.2 Tipos de Outliers

Os outliers dividem-se em três tipos diferentes Outliers globais ou pontuais

Excedentes colectivos

Excedentes contextuais ou condicionais

Excedentes globais

Os outliers globais são também designados por outliers pontuais. Os outliers globais são considerados a forma mais simples de outliers. Quando os pontos de dados se desviam de todos os restantes pontos de dados num determinado conjunto de dados, são conhecidos como outliers globais. Na maioria dos casos, todos os procedimentos de deteção de valores atípicos são direcionados para determinar os valores atípicos globais. O ponto de dados verde é o outlier global.

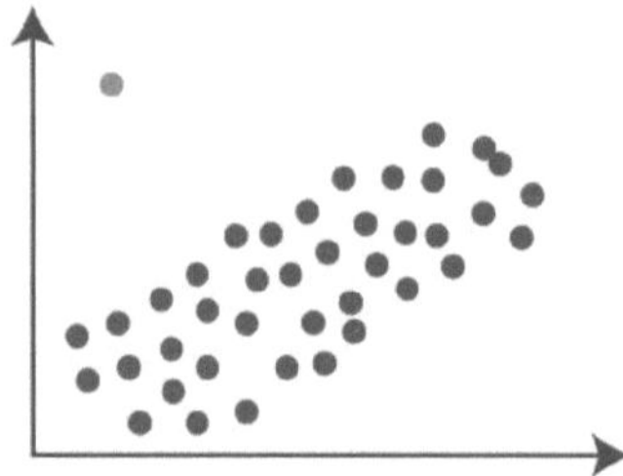

Excedentes colectivos

Num determinado conjunto de dados, quando um grupo de pontos de dados se desvia do resto do conjunto de dados, designa-se por outliers colectivos. Aqui, o conjunto particular de objectos de dados pode não ser anómalo, mas quando se considera os objectos de dados como um todo, estes podem comportar-se como anómalos. Para identificar os tipos de outliers diferentes, é necessário consultar as informações de base sobre a relação entre o comportamento dos outliers apresentados por diferentes objectos de dados. Por exemplo, num sistema de deteção de intrusões, o pacote DOS de um sistema para outro é considerado um comportamento normal. Portanto, se isso acontecer com os vários computadores simultaneamente, é considerado um comportamento anormal e, como um todo, eles são chamados de outliers coletivos. Os pontos de dados verdes como um todo representam o outlier coletivo.

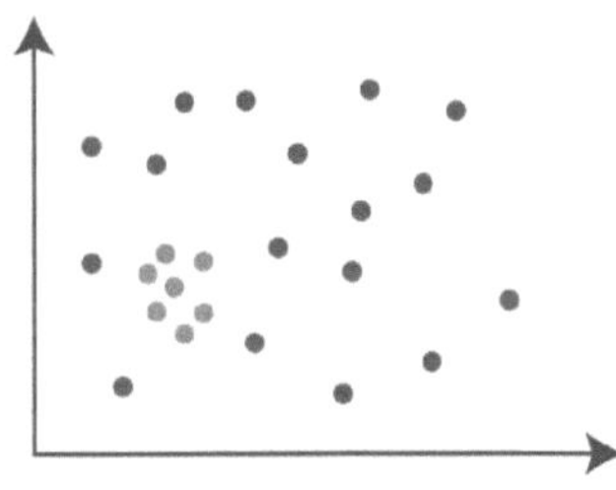

Excedentes contextuais

Tal como o nome sugere, "contextual" significa que esta anomalia é introduzida num contexto. Por exemplo, na técnica de reconhecimento de voz, o ruído de fundo único. Os outliers contextuais são também conhecidos como outliers condicionais. Estes tipos de valores atípicos ocorrem se um objeto de dados se desviar dos outros pontos de dados devido a qualquer condição específica num determinado conjunto de dados. Como sabemos, existem dois tipos de atributos de objectos de dados: atributos contextuais e atributos comportamentais. A análise contextual de anomalias permite aos utilizadores examinar anomalias em diferentes contextos e condições, o que pode ser útil em várias aplicações. Por exemplo, uma leitura de temperatura de 45 graus Celsius pode comportar-se como um valor atípico numa estação chuvosa. No entanto, comportar-se-á como um ponto de dados normal no contexto de uma estação de verão. No diagrama apresentado, um ponto verde que representa o valor de baixa temperatura em junho é um valor atípico contextual, uma vez que o mesmo valor em dezembro não é um valor atípico.

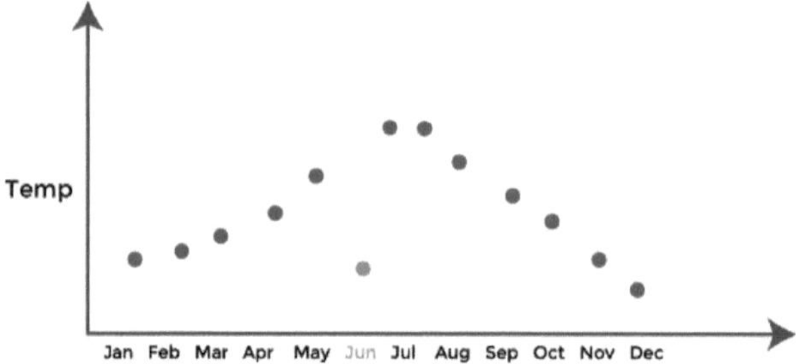

Análise de Outliers

Os valores anómalos são eliminados em muitos locais quando se aplica a extração de dados. Mas continuam a ser utilizados em muitas aplicações, como a deteção de fraudes, a medicina, etc. Normalmente, isso deve-se ao facto de os eventos que ocorrem raramente poderem armazenar informações muito mais significativas do que os eventos que ocorrem mais regularmente.

7.3 Aplicações da análise de outliers

Qualquer resposta invulgar que ocorra devido a um tratamento médico pode ser analisada através da análise de valores atípicos na extração de dados.

Deteção de fraudes no sector das telecomunicações

Na análise de mercado, a análise de outlier permite aos profissionais de marketing identificar os comportamentos dos clientes. No domínio da análise médica.

Deteção de fraudes no sector bancário e financeiro, tais como cartões de crédito, sector dos seguros, etc.

O processo em que o comportamento dos outliers é identificado num conjunto de dados é designado por análise de outliers. Também conhecido como "extração de valores atípicos", o processo é definido como uma tarefa importante da extração de dados.

7.4 Métodos de análise de outliers

7.4.1 Métodos estatísticos Z-Score

O Z-Score representa o número de desvios padrão de um elemento em relação à média. Um Z-Score superior a 2 em valor absoluto é geralmente considerado um outlier.

IQR (intervalo interquartil)

O IQR é o intervalo entre o primeiro e o terceiro quartis. Qualquer valor fora deste intervalo pode ser considerado um valor atípico.

7.4.2 Métodos de aprendizagem automática Floresta de isolamento

O Isolation Forest é um algoritmo para detetar valores anómalos. Isola as anomalias em vez de analisar os pontos de dados normais.

SVM de uma classe

A SVM de uma classe é utilizada para a deteção de novidades, identificando novas observações que se desviam dos dados de treino.

7.4.3 Técnicas de agrupamento K-Means Clustering

Os valores atípicos podem ser reconhecidos se forem agrupados em clusters esparsos ou solitários.

Agrupamento hierárquico

Com base na estrutura do dendrograma, este método encontra os valores anómalos.

7.4.4 Abordagens baseadas na distância KNN

Os pontos de dados com um pequeno número de vizinhos próximos são identificados utilizando o método k-Nearest Neighbours (k-NN).

DBSCAN

Os pontos de dados são agrupados de acordo com a sua densidade no DBSCAN (Density-Based Spatial Clustering of Applications with Noise), que também identifica o ruído (outliers).

7.5 Aplicações da análise de outliers

Deteção de fraude: Deteção de padrões invulgares em transacções com cartões de crédito.

Monitorização da saúde: Identificação de padrões invulgares nos sinais vitais do paciente.

Garantia de qualidade: No fabrico, a deteção de defeitos ou erros no processo de produção.

7.6 Valores atípicos vs. ruído

Na extração de dados, o ruído refere-se a variações ou erros aleatórios nos dados que não têm qualquer significado ou padrão significativo. O ruído pode surgir de várias fontes, como erros de medição ou métodos de recolha de dados, e pode afetar negativamente a precisão e a fiabilidade da análise de dados. Por outro lado, os valores atípicos podem fornecer informações valiosas e podem ter de ser estudados mais aprofundadamente, mas também podem distorcer as análises estatísticas ou os modelos preditivos se não forem corretamente tratados.

De um modo geral, a principal diferença entre os valores anómalos e o ruído é que os valores anómalos são significativos e potencialmente informativos, enquanto o ruído é insignificante e pode ser prejudicial para a análise dos dados.

7.7 Vantagens da análise de valores atípicos

Maior precisão na análise de dados - Os valores atípicos podem distorcer os resultados de análises estatísticas ou modelos preditivos, conduzindo a conclusões inexactas ou enganadoras. A deteção e remoção de valores atípicos pode melhorar a precisão e a fiabilidade da análise de dados.

Identificação de problemas de qualidade dos dados - Os valores atípicos podem ser causados por erros de recolha, processamento ou medição de dados, o que pode indicar problemas de qualidade dos dados. A análise de valores atípicos na extração de dados pode ajudar a identificar e corrigir estes problemas para melhorar a qualidade dos dados.

Deteção de eventos ou padrões invulgares - Os valores atípicos podem representar eventos ou padrões invulgares nos dados que podem ter interesse para as empresas. O estudo destes valores atípicos pode fornecer informações valiosas e conduzir a descobertas.

Melhor tomada de decisões - A análise de valores atípicos na extração de dados pode ajudar os decisores a identificar e compreender os factores que afectam os seus dados, conduzindo a decisões mais bem informadas.

Melhoria do desempenho do modelo - Os valores atípicos podem afetar negativamente o desempenho dos modelos de previsão. A remoção de valores anómalos ou o desenvolvimento de modelos que os possam tratar adequadamente pode melhorar o desempenho do modelo

Capítulo 8 Reforço Aprendizagem

A aprendizagem por reforço (RL) é uma técnica de aprendizagem automática (ML) que treina o software para tomar decisões de modo a obter os melhores resultados. Imita o processo de aprendizagem por tentativa e erro que os humanos utilizam para atingir os seus objectivos. As acções de software que contribuem para o seu objetivo são reforçadas, enquanto as acções que prejudicam o objetivo são ignoradas.

Os algoritmos de RL utilizam um paradigma de recompensa e punição ao processarem os dados. Aprendem com o feedback de cada ação e descobrem por si próprios as melhores vias de processamento para atingir os resultados finais. Os algoritmos também são capazes de adiar a gratificação. A melhor estratégia global pode exigir sacrifícios a curto prazo, pelo que a melhor abordagem que descobrem pode incluir alguns castigos ou retrocessos ao longo do percurso. A RL é um método poderoso para ajudar os sistemas de inteligência artificial (IA) a obter resultados óptimos em ambientes invisíveis.

8.1 Benefícios da aprendizagem por reforço

Há muitas vantagens na utilização da aprendizagem por reforço (RL). No entanto, estas três vantagens destacam-se frequentemente.

Destaca-se em ambientes complexos

Os algoritmos de RL podem ser utilizados em ambientes complexos com muitas regras e dependências. No mesmo ambiente, um ser humano pode não ser capaz de determinar o melhor caminho a seguir, mesmo com um conhecimento superior do ambiente. Em vez disso, os algoritmos de RL sem modelos adaptam-se rapidamente a ambientes em constante mudança e encontram novas estratégias para otimizar os resultados.

Requer menos interação humana

Nos algoritmos tradicionais de ML, os humanos têm de rotular os pares de dados para orientar o algoritmo. Quando se utiliza um algoritmo de RL, isto não é necessário. O algoritmo aprende por si próprio. Ao mesmo tempo, oferece mecanismos para integrar o feedback humano, permitindo sistemas que se adaptam às preferências, conhecimentos e correcções humanas.

Optimiza para objectivos a longo prazo

A RL concentra-se inerentemente na maximização da recompensa a longo prazo, o que a torna adequada para cenários em que as acções têm consequências prolongadas. É particularmente adequado para situações do mundo real em que o feedback não está imediatamente disponível para cada passo, uma vez que pode aprender com recompensas atrasadas.

Por exemplo, as decisões sobre o consumo ou o armazenamento de energia podem ter consequências a longo prazo. A RL pode ser utilizada para otimizar a eficiência energética e o custo a longo prazo. Com arquitecturas adequadas, os agentes de RL podem também generalizar as suas estratégias aprendidas para tarefas semelhantes mas não idênticas.

8.2 Casos de utilização da aprendizagem por reforço

A aprendizagem por reforço (RL) pode ser aplicada a uma vasta gama de casos de utilização no mundo real. Apresentamos de seguida alguns exemplos.

Personalização de marketing

Em aplicações como os sistemas de recomendação, o RL pode personalizar sugestões para utilizadores individuais com base nas suas interações. Isto conduz a experiências mais personalizadas. Por exemplo, uma aplicação pode apresentar anúncios a um utilizador com base em algumas informações demográficas. Com cada interação de anúncio, a aplicação aprende quais os anúncios a apresentar ao utilizador para otimizar as vendas do produto.

Desafios de otimização

Os métodos tradicionais de otimização resolvem problemas avaliando e comparando possíveis soluções com base em determinados critérios. Em contrapartida, a RL introduz a aprendizagem a partir de interações para encontrar as melhores soluções ou soluções próximas das melhores ao longo do tempo.

Por exemplo, um sistema de otimização de gastos na nuvem utiliza a RL para se ajustar às necessidades flutuantes de recursos e escolher tipos, quantidades e configurações de instâncias ideais. Ele toma decisões com base em fatores como infraestrutura de nuvem atual e disponível, gastos e utilização.

Previsões financeiras

A dinâmica dos mercados financeiros é complexa, com propriedades estatísticas que se alteram ao longo do tempo. Os algoritmos de RL podem otimizar os rendimentos a longo prazo, tendo em conta os custos de transação e adaptando-se às mudanças do mercado.

Por exemplo, um algoritmo pode observar as regras e os padrões do mercado bolsista antes de testar acções e registar as recompensas associadas. Cria dinamicamente uma função de valor e desenvolve uma estratégia para maximizar os lucros.

8.3 Aprendizagem por reforço Modelo de trabalho

O processo de aprendizagem dos algoritmos de aprendizagem por reforço (RL) é semelhante à aprendizagem por reforço animal e humano no domínio da psicologia comportamental. Por exemplo, uma criança pode descobrir que recebe elogios dos pais quando ajuda um irmão ou limpa, mas recebe reacções negativas quando atira brinquedos ou grita. Rapidamente, a criança aprende qual a combinação de actividades que resulta na recompensa final.

Um algoritmo RL imita um processo de aprendizagem semelhante. Tenta diferentes actividades para aprender os valores negativos e positivos associados para alcançar o resultado final da recompensa.

Conceitos-chave

Na aprendizagem por reforço, existem alguns conceitos-chave com os quais se deve

familiarizar: O agente é o algoritmo de aprendizagem automática (ou o sistema autónomo).

O ambiente é o espaço do problema adaptativo com atributos como variáveis, valores-limite, regras e acções válidas.

A ação é um passo que o agente RL dá para navegar no ambiente. O estado é o ambiente num

determinado momento.

A recompensa é o valor positivo, negativo ou zero - por outras palavras, a recompensa ou o castigo - por realizar uma ação.

A recompensa cumulativa é a soma de todas as recompensas ou o valor final.

8.4 Noções básicas do algoritmo de reforço

A aprendizagem por reforço baseia-se no processo de decisão de Markov, uma modelação matemática da tomada de decisões que utiliza passos de tempo discretos. Em cada passo, o agente toma uma nova ação que resulta num novo estado do ambiente. Da mesma forma, o estado atual é atribuído à sequência de acções anteriores.

Através de tentativas e erros na deslocação pelo ambiente, o agente constrói um conjunto de regras ou políticas "se-então". As políticas ajudam-no a decidir qual a próxima ação a tomar para obter uma recompensa cumulativa óptima. O agente também tem de escolher entre continuar a explorar o ambiente para aprender novas recompensas para as acções de um estado ou selecionar acções conhecidas com recompensas elevadas de um determinado estado. A isto chama-se o *compromisso entre exploração e aproveitamento*.

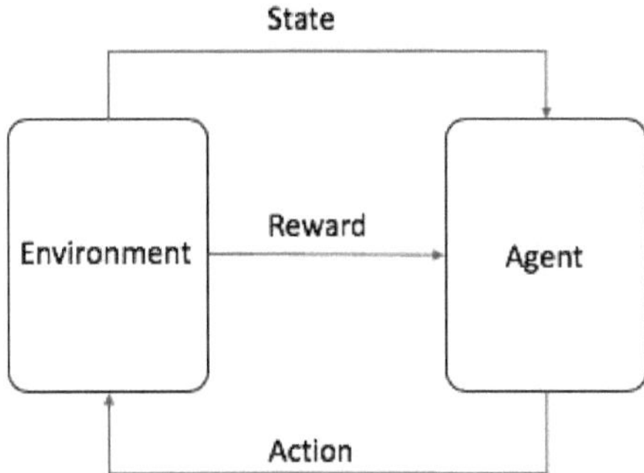

Fig. 8.1 Fluxo de trabalho da aprendizagem por reforço

8.5 Tipos de algoritmos de aprendizagem por reforço

Existem vários algoritmos utilizados na aprendizagem por reforço (RL) - como a aprendizagem Q, métodos de gradiente de política, métodos de Monte Carlo e aprendizagem por diferença temporal. A RL profunda é a aplicação de redes neurais profundas à aprendizagem por reforço. Um exemplo de um algoritmo de RL profundo é o Trust Region Policy Optimization (TRPO).

Todos estes algoritmos podem ser agrupados em duas grandes categorias.

RL baseado em modelos

A RL baseada em modelos é normalmente utilizada quando os ambientes são bem definidos e imutáveis e quando é difícil testar ambientes reais.

O agente começa por construir uma representação interna (modelo) do ambiente. Utiliza este processo para construir este modelo:

Realiza acções no ambiente e regista o novo estado e o valor da recompensa Associa a

transição ação-estado ao valor da recompensa.

Quando o modelo está completo, o agente simula sequências de acções com base na probabilidade de recompensas cumulativas óptimas. Em seguida, atribui valores às próprias sequências de ação. O agente desenvolve assim diferentes estratégias no ambiente para atingir o objetivo final desejado.

Exemplo

Considere-se um robô que aprende a navegar num novo edifício para chegar a uma sala específica. Inicialmente, o robô explora livremente e constrói um modelo interno (ou mapa) do edifício. Por exemplo, pode aprender que encontra um elevador depois de avançar 10 metros a partir da entrada principal. Uma vez construído o mapa, pode construir uma série de sequências de caminhos mais curtos entre diferentes locais que visita frequentemente no edifício.

RL sem modelo

A RL sem modelos é melhor utilizada quando o ambiente é grande, complexo e não é facilmente descritível. Também é ideal quando o ambiente é desconhecido e está a mudar, e os testes baseados no ambiente não têm desvantagens significativas.

O agente não constrói um modelo interno do ambiente e da sua dinâmica. Em vez disso, utiliza uma abordagem de tentativa e erro dentro do ambiente. Pontua e anota os pares estado-ação - e as sequências de pares estado-ação - para desenvolver uma política.

Exemplo

Considere um carro autónomo que precisa de navegar no trânsito da cidade. As estradas, os padrões de tráfego, o comportamento dos peões e inúmeros outros factores podem tornar o ambiente altamente dinâmico e complexo. Nas fases iniciais, as equipas de IA treinam o veículo num ambiente simulado. O veículo toma medidas com base no seu estado atual e recebe recompensas ou penalizações.

Ao longo do tempo, ao percorrer milhões de quilómetros em diferentes cenários virtuais, o veículo aprende quais as melhores acções para cada estado sem modelar explicitamente toda a dinâmica do tráfego. Quando introduzido no mundo real, o veículo utiliza a política aprendida, mas continua a aperfeiçoá-la com novos dados.

8.6 Diferença entre aprendizagem automática reforçada, supervisionada e não supervisionada Embora a aprendizagem supervisionada, a aprendizagem não supervisionada e a aprendizagem por reforço (RL) sejam todos algoritmos de aprendizagem automática no domínio da IA, há distinções entre os três.

Aprendizagem por reforço vs. aprendizagem supervisionada

Na aprendizagem supervisionada, define-se tanto a entrada como o resultado associado esperado. Por exemplo, pode fornecer um conjunto de imagens rotuladas como cães ou gatos, e espera-se que o algoritmo identifique uma nova imagem de animal como um cão ou um gato.

Os algoritmos de aprendizagem supervisionada aprendem padrões e relações entre os pares de entrada e saída. Depois, prevêem os resultados com base em novos dados de entrada. É necessário um supervisor, normalmente um ser humano, para rotular cada registo de dados num conjunto de dados de treino com uma saída.

Em contrapartida, a RL tem um objetivo final bem definido sob a forma de um resultado desejado, mas não tem um supervisor para rotular antecipadamente os dados associados. Durante o treino, em vez de tentar mapear as entradas com as saídas conhecidas, mapeia as entradas com os resultados possíveis. Ao recompensar os comportamentos desejados, dá-se peso aos melhores resultados.

Aprendizagem por reforço vs. aprendizagem não supervisionada

Os algoritmos de aprendizagem não supervisionada recebem dados sem resultados específicos durante o processo de formação. Encontram padrões e relações ocultos nos dados utilizando meios estatísticos. Por exmb o utilizador pode fornecer um conjunto de documentos e o algoritmo pode agrupá-los em categorias que identifica com base nas palavras do texto. Não se obtêm resultados específicos; estes enquadram-se num intervalo.

Por outro lado, a RL tem um objetivo final pré-determinado. Embora adopte uma abordagem exploratória, as explorações são continuamente validadas e melhoradas para aumentar a probabilidade de atingir o objetivo final. Pode ensinar-se a si própria a atingir resultados muito específicos.

8.7 Desafios da aprendizagem por reforço

Embora as aplicações de aprendizagem por reforço (RL) possam potencialmente mudar o mundo, pode não ser fácil implementar estes algoritmos.

Praticidade

A experimentação de sistemas de recompensa e punição no mundo real pode não ser prática. Por exemplo, testar um drone no mundo real sem o testar primeiro num simulador conduziria a um número significativo de aeronaves avariadas. Os ambientes do mundo real mudam frequentemente, de forma significativa e com um aviso limitado. Isto pode dificultar a eficácia do algoritmo na prática.

Interpretabilidade

Tal como qualquer domínio da ciência, a ciência dos dados também analisa a investigação e os resultados conclusivos para estabelecer normas e procedimentos. Os cientistas de dados preferem saber como é que se chegou a uma conclusão específica para a provar e replicar.

Com algoritmos complexos de RL, as razões pelas quais uma determinada sequência de passos foi adoptada podem ser difíceis de determinar. Que acções de uma sequência foram as que conduziram ao resultado final ótimo? Isto pode ser difícil de deduzir, o que causa problemas de implementação.

Capítulo 9 Aplicações de dados Mining

9.1 Aplicações da extração de dados nos cuidados de saúde

No mundo digital de hoje, os dados permeiam todos os aspectos das nossas vidas. São tão omnipresentes e disponíveis que a ideia de ter de os extrair parece um pouco estranha. No entanto, a extração de dados nos cuidados de saúde é uma prática muito real e eficaz. Ajuda a otimizar os custos, a melhorar os resultados dos doentes e a evitar fraudes. Há uma pequena diferença na definição, mas já lá iremos.

O sector poderia passar sem ele? Talvez, mas haveria sempre mais dados em bruto para analisar e inferências para fazer todos os dias. Com a mudança para a telemedicina, a proliferação de dispositivos IoT e a adoção de EHRs, o conjunto de informações de saúde continua a crescer, e deixar o seu valor intocado faz pouco sentido.

Como empresa de desenvolvimento de software especializada em tecnologia da saúde, a Demigos não é alheia à extração de dados. As soluções que criamos envolvem frequentemente o processamento e a interpretação de grandes volumes de dados médicos, e sabemos como os resultados podem ser instrumentais.

Atualmente, o sector dos cuidados de saúde é responsável pela produção de cerca de 30% de todos os dados globais e, até 2025, este valor atingirá os 36%. A capacidade de dar sentido a esses dados segmentados pode dar a qualquer organização médica uma grande vantagem estratégica. Aqui estão algumas das principais vantagens que pode obter com uma implementação eficiente da extração de dados médicos:

Melhoria da tomada de decisões clínicas

É cada vez mais comum os hospitais adoptarem CDSS (sistemas de apoio à decisão clínica). Estes sistemas utilizam uma base de conhecimentos e aplicam regras para orientar as decisões ou utilizam a aprendizagem automática para fazer inferências com base na análise de dados. As soluções deste último tipo beneficiam muito da extração de dados - por exemplo, ao comparar o historial e os sintomas de um doente com a investigação clínica atual ou com casos semelhantes.

Maior precisão no diagnóstico

A utilização da extração de dados nos cuidados de saúde ajuda os médicos a fazer diagnósticos mais conclusivos e baseados em provas num curto espaço de tempo. Embora ainda seja necessário um médico experiente para chegar à decisão final, o software com IA pode processar grandes quantidades de dados numa questão de segundos. Conteúdos como imagens de raios X ou de ressonância magnética e análises ao sangue podem ser rapidamente analisados e classificados para ajudar na deteção precoce de tumores e outras anomalias. Essa rapidez e precisão de interpretação podem fazer toda a diferença no tratamento de doenças complexas com sintomas ambíguos.

Melhoria da eficiência do tratamento

Todos os prestadores de cuidados de saúde se esforçam por obter a melhor qualidade de cuidados médicos para os seus doentes. Com a extração de dados, torna-se fácil analisar os planos de tratamento disponíveis, comparar a sua eficácia e selecionar o melhor. Além disso, os médicos podem monitorizar as condições dos seus pacientes com dados transmitidos por dispositivos IoT médicos e ajustar o tratamento em conformidade.

Evitar interações medicamentosas e alimentares prejudiciais

Alguns medicamentos podem ser menos eficazes ou causar efeitos secundários adversos quando tomados em conjunto ou em combinação com determinados tipos de alimentos. A US Food and Drug Administration recomenda aos consumidores que falem com um médico ou farmacêutico antes de tomarem um novo medicamento. Nem sempre há tempo para isso num ambiente clínico.

A extração de dados nos cuidados de saúde pode ajudar a reduzir esses riscos. Embora as interações medicamentosas mais perigosas estejam bem estudadas, estão constantemente a ser desenvolvidos novos medicamentos e há sempre a possibilidade de erro humano. Os médicos, os enfermeiros e os doentes beneficiarão de um sistema capaz de seguir a composição química dos medicamentos e analisar dados clínicos e de investigação.

Melhores relações com os clientes

Integrar um módulo de extração de dados no seu software CRM pode ser benéfico por muitas razões. Aqui estão as três principais:

O sistema pode ligar os doentes com determinadas patologias a profissionais de saúde com a capacidade e a experiência necessárias para os ajudar. Isto melhora a satisfação do cliente e conduz a melhores resultados.

Ao utilizar dados extraídos de casos semelhantes, os hospitais podem prever melhor as possíveis complicações e os prazos de recuperação. Isto ajuda a programar visitas de acompanhamento e a evitar readmissões.

Com os dados corretos disponíveis para análise, o CRM pode acompanhar as compras dos clientes na farmácia. Esta informação pode ajudar os médicos a perceber se um doente segue o seu plano de tratamento e toma a medicação prescrita.

Utilizando a extração de dados, os prestadores de cuidados de saúde podem atingir níveis mais elevados de eficiência, bem como fidelizar os clientes.

Deteção de fraudes em matéria de seguros

Outra vantagem da utilização da prospeção de dados no sector da saúde reside na sua capacidade de identificar pedidos de indemnização fraudulentos. De acordo com a Coalition Against Insurance Fraud, os pedidos de indemnização falsos e forjados ascenderam a uns impressionantes 3,1 mil milhões de dólares em 2021. As técnicas de prospeção de dados do setor da saúde podem reduzir essas perdas ao detetar inconsistências e sinais de alerta em documentos, graças à análise avançada.

Possibilitar a análise preditiva

Embora a afetação de recursos adicionais para análise possa não parecer um benefício, abre novas possibilidades. Além disso, o custo da extração de dados não será extraordinário com u m software corretamente concebido. Utilizando a extração de dados de cuidados de saúde em combinação com a análise preditiva, os profissionais médicos podem:

- Prepare-se para picos de infecções sazonais e outras.
- Evitar a escassez de pessoal e a falta de medicamentos.
- Implementar proactivamente novas abordagens e tecnologias e abandonar as antigas.

Em suma, as organizações médicas podem utilizar a prospeção de dados para reduzir os custos dos cuidados de saúde, otimizar os recursos e prestar um melhor serviço global aos seus pacientes. E embora os benefícios pareçam atractivos, o processo não é tão simples como parece. Vamos analisá-lo passo a passo.

Como é que a extração de dados funciona nos cuidados de saúde?

Há muito que a tecnologia informática está presente nos cuidados de saúde. O poder de computação das soluções de nuvem e as capacidades de auto-aprendizagem dos algoritmos de IA (inteligência artificial) são a espinha dorsal da extração de dados médicos. Além disso, são necessários conjuntos de dados reais para treinar o modelo a reconhecer padrões e extrair informações.

Quando todos os componentes estiverem reunidos, o processo de extração de dados passará pelas seguintes fases

Aquisição/seleção. Durante esta fase, é criado um conjunto de objectivos com dados originais.

Pré-processamento. Os dados são formatados e a sua qualidade é normalizada.

Exploração mineira. A etapa atual de deteção de padrões e conhecimentos. Interpretação.

Extrair conhecimentos dos padrões extraídos.

Estes são os passos básicos da extração de dados para o sector da saúde. Bastante simples, certo? No entanto, há outro pormenor que temos de mencionar.

Há um aspeto da extração de dados que é específico dos cuidados de saúde - regras muito rígidas em matéria de proteção de dados pessoais. Se estiver a desenvolver software de extração de dados para o mercado dos EUA, certifique-se de que cumpre os requisitos de segurança dos dados e de que cumpre todos os regulamentos. É sempre melhor implementar práticas de segurança padrão desde o início para evitar potenciais violações de dados médicos.

9.1.1 Exemplos de utilização da extração de dados nos cuidados de saúde

Como utilizar a extração de dados nos cuidados de saúde? O rápido desenvolvimento de soluções de análise de dados está a criar oportunidades ilimitadas para novos estudos médicos, acelera os procedimentos de diagnóstico e conduz a taxas de precisão mais elevadas. Seguem-se vários exemplos da aplicação da extração de dados nos cuidados de saúde que comprovam este facto.

Segmentação de tumores cerebrais com extração de dados

Um grupo de seis cientistas concluiu a sua investigação sobre a classificação de tumores cerebrais com a ajuda do agrupamento K-means e da aprendizagem profunda (um subconjunto da aprendizagem automática).

Os conjuntos de dados originais foram criados a partir de exames de ressonância magnética e depois introduzidos no sistema de extração de dados para pré-processamento e análise algorítmica. Depois de passar os dados por um conjunto de vários classificadores estatísticos e modelos de identificação geométrica, o sistema conseguiu distinguir entre tumores benignos e malignos. A precisão média resultante foi de 95,62%, muito superior à esperada ou alcançada anteriormente em experiências semelhantes.

Para treinar o modelo ainda melhor, os cientistas aumentaram os exames de ressonância magnética com dados sintéticos. Os algoritmos de aprendizagem profunda requerem grandes quantidades de dados rotulados para o treino, pelo que a equipa pegou nas imagens originais e aplicou cortes, inversões, distorções e ruído para aumentar o volume de dados.

O resultado foi um sistema capaz de classificar os tumores cerebrais com uma precisão fenomenal de 98,3%.

Identificar e prevenir a fraude

Uma equipa de cientistas italianos analisou os padrões de comportamento associados à fraude em 183 hospitais da Lombardia.

O processo consistiu em duas fases:

Utilizando o agrupamento K-means, a equipa identificou lotes de hospitais com procedimentos semelhantes no tratamento da insuficiência cardíaca. Este procedimento foi efectuado para simplificar o processo de deteção de valores anómalos - padrões de comportamento irregulares.

A segunda fase foi supervisionada por auditores humanos, que ajudaram o modelo algorítmico através da validação cruzada de valores anómalos com base no comportamento relacionado com a fraude.

Como resultado, a equipa conseguiu identificar dois hospitais cujos padrões apontavam para uma possível fraude. Não foram tomadas outras medidas, uma vez que os algoritmos de extração de dados estavam simplesmente a ser testados.

Explorar os padrões alimentares dos americanos

Este estudo centrou-se na identificação das escolhas alimentares populares da população dos EUA e na avaliação da qualidade global da nutrição.

A equipa utilizou dados de bases de dados disponíveis publicamente e pré-processou-os de acordo com dados demográficos e outras caraterísticas. Um algoritmo chamado PCA (análise de componentes principais) e outros métodos estatísticos foram então aplicados para discernir padrões e associações.

O estudo revelou um efeito negativo dos alimentos ultra-processados na qualidade geral da dieta. Ao mesmo tempo, uma dieta rica em vitamina C, magnésio, potássio e fibras foi identificada como a opção mais equilibrada. Um baixo consumo de açúcar e gorduras saturadas também teve um efeito positivo na nutrição.

Como se pode ver, a extração de dados tem múltiplas aplicações no domínio da saúde. O último tópico da agenda de hoje é - como irá transformar o sector?

9.1.2 O futuro da extração de dados nos cuidados de saúde

À medida que a extração de dados de cuidados de saúde é amplamente adoptada e a tecnologia que lhe está subjacente amadurece, os fornecedores podem capitalizar ainda mais as suas vantagens. Esperamos que algumas tendências específicas entrem em cena num futuro próximo, o que permitirá:

Melhor gestão do ciclo de receitas para as organizações médicas Tratamento mais eficiente das doenças raras

Taxas de sobrevivência mais elevadas para os doentes com cancro

Melhorias drásticas na qualidade dos cuidados prestados aos doentes, incluindo os grupos mais desfavorecidos Medidas preventivas contra as doenças infecciosas a nível nacional

A extração de dados já está a revolucionar o sector dos cuidados de saúde, e o progresso não pode ser interrompido. Mais dados estão a ser agregados e processados com a ajuda de algoritmos de aprendizagem automática. Graças à análise em tempo real, o sector está a tornar-se mais ágil e resiliente, capaz de resistir a qualquer tempestade que possa surgir.

9.2 Aplicações da extração de dados em finanças

A análise financeira dos dados é muito importante para analisar se a empresa é estável e rentável para efetuar um investimento de capital. Os analistas financeiros centram a sua análise no balanço, na demonstração de fluxos de caixa e na demonstração de resultados.

As técnicas de extração de dados têm sido utilizadas para extrair padrões ocultos e prever tendências e comportamentos futuros nos mercados financeiros. São normalmente necessárias técnicas avançadas de estatística, matemática e inteligência artificial para a extração desses dados, especialmente os dados financeiros de alta frequência.

As técnicas de prospeção de dados relacionadas com as finanças podem ser utilizadas em categorias como o pico de vendas, a margem bruta, as vendas líquidas e as existências.

Instâncias/Exemplos: Modelos de risco financeiro construídos com ferramentas de extração de dados por bancos e empresas de cartões de crédito.

A extração de dados também desempenha um papel importante no marketing (como a deteção de fraudes, aplicações financeiras).

A extração de dados pode ajudar nos seguintes domínios:

Deteção do branqueamento de capitais e de outros crimes financeiros: O branqueamento de capitais é uma atividade criminosa que visa converter dinheiro negro em dinheiro branco. No mundo atual, as abordagens de prospeção de dados foram desenvolvidas de forma a considerar técnicas adequadas para identificar o branqueamento de capitais. A metodologia de e x t r a ç ã o de dados apresenta uma abordagem para os clientes dos bancos, a fim de identificar ou verificar a identificação do efeito do combate ao branqueamento de capitais.

Previsão do pagamento de empréstimos e análise da política de crédito dos clientes: A distribuição de empréstimos é a parte fundamental da atividade de qualquer banco. O sistema de previsão de empréstimos calcula automaticamente a dimensão das caraterísticas que utiliza e também testa os dados relativos à sua dimensão. Assim, a extração de dados ajuda-o a gerir todos os dados vitais e as suas grandes bases de dados com a ajuda dos seus modelos.

Classificação e agrupamento de clientes para marketing direcionado: As abordagens de extração de dados, juntamente com o marketing, trabalham em conjunto para visar um mercado específico e também apoiam e decidem as decisões de mercado. A extração de dados ajuda a reter os lucros, a margem, etc. e a decidir qual o melhor produto para os diferentes tipos de clientes.

Conceção e construção de armazéns de dados para análise de dados multidimensionais e extração de dados: A organização consegue recuperar ou transferir os dados para vários grandes armazéns de dados, pelo que as diferentes abordagens ou formas de extração de dados ajudam a obter uma grande quantidade de dados que podem ser analisados corretamente e com precisão. Também verifica uma grande quantidade de transacções.

Referências

Aizstrauts, A., Ginters, E., Baltruks, M. e Gusev, M. (2015), "Architecture for distributed simulation environment", *Procedia Computer Science* **43**(1), 18-25.

Al-Anzi, F. e AbuZeina, D. (2017), "Toward an enhanced Arabic text classification using cosine similarity and Latent Semantic Indexing", *Journal of King Saud University-Computer and Information Sciences* **29**(2), 189-195.

Alkhaldi, B. e Hammad, M. (2021), Software testing framework for ERP systems based on agile development, *in* 'Proceedings of the 1st International Conference on Smart Cities Symposium', IET, pp. 60-66.

Arooj, A., Farooq, M. S., Akram, A., Iqbal, R., Sharma, A. e Dhiman, G. (2021), "Big data processing and analysis in internet of vehicles: architecture, taxonomy, and open research challenges", *Archives of Computational Methods in Engineering* **29**(2),1-37.

Bakhtouchi, A. (2020), "Métodos de reconciliação e fusão de dados: A survey", *Applied Computing and Informatics* **18**(3/4), 182-194.

Barba-González, C., Nebro, A. J., Benítez-Hidalgo, A., García-Nieto, J. e Aldana-Montes, J. F. (2020), "On the design of a framework integrating an optimization engine with streaming technologies", *Future Generation Computer Systems* **107**(1), 538-550.

Carcillo, F., Dal, P. A., Le, B. Y. A., Caelen, O., Mazzer, Y. e Bontempi, G. (2018), "Scarff: uma estrutura escalável para a deteção de fraudes com cartões de crédito em fluxo contínuo com spark". *Information Fusion* **41**(2018), 182-194.

Corral-Plaza, D., Medina-Bulo, I., Ortiz, G. e Boubeta-Puig, J. (2020), "A stream processing architecture for heterogeneous data sources in the Internet of Things", *Computer Standards and Interfaces* **70**(1), 103426.

Dalkıran, E., Önel, T., Topçu, O. e Demir, K. A. (2021), "Automated integration of real-time and non-real-time defense systems", *Defence Technology* **17**(2), 657-670.

Dreibelbis, A. (2008), *Enterprise master data management: an SOA approach to managing core information*, Pearson Education India.

Eddamiri, S. e Benghabrit, A. (2019), "Um algoritmo melhorado de agrupamento de dados RDF",
Procedia Computer Science **148**(1), 208-217.

Esmaeilzadeh, A., Cacho, J. R. F., Taghva, K., Kambar, M. E. Z. N. e Hajiali, M (2022), Building wikipedia n-grams with apache spark, *em* 'Proceedings of the 1st International Conference on Science and Information', Springer, pp. 672-684.

Fan, W., Li, J., Ma, S., Tang, N. e Yu, W. (2010), Towards certain fixes with editing rules and master data, *in* 'Proceedings of the 1st International Conference on VLDB Endowment', ACM, pp. 173-84.

Fan, Z. and Westat, R. (2004), Matching character variables by sound: a closer look at Soundex function and sounds-like operator, *in* 'Proceedings of the 1st International Conference on North East SAS Users Group', SAS® Users Group Institute, pp. 072-29.

Garcia, C. A., Montalvo-Lopez, W. e Garcia, M. V. (2020), 'Human-robot collaboration based on cyber-physical production system and mqtt', *Procedia Manufacturing* **42**(1), 315-321.

Gong, H., Li, R., Bai, Y., An, J. e Li, K. (2018), "Message response time analysis for automotive cyber-physicalsystems with uncertain delay: An M/PH/1 queue approach", *Performance Evaluation* **125**(1), 21-47.

Gong, R. e Chan, T. K. (2006), "Syllable alignment: A novel model for phonetic string search", *IEICE Transactions on Information and Systems* **89**(1), 332-339.

González-Torres, A., García-Peñalvo, F. J., Therón-Sánchez, R. e Colomo-Palacios, R. (2016), 'Knowledge discovery in software teams by means of evolutionary visual software analytics', *Science of Computer Programming* **121**, 55-74.

Guleria, P. (2022), Predictions on diabetic patient datasets using big data analytics and machine learning techniques, em Pantea Keikhosrokiani, ed., "Big Data Analytics for Healthcare", Academic Press, Cambridge, Massachusetts, Estados Unidos, capítulo 15, pp.179-199.

Hammou, B. A., Lahcen, A. A. e Mouline, S. (2020),'Towards a real-time processing framework based on improved distributed recurrent neural network variants with fastText for social big data analytics', *Information Processing and Management* **57**(1), 102122.

Henning, S. e Hasselbring, W. (2021), "Theodolite: Scalability benchmarking of distributed stream processing engines in microservice architectures", *Big Data Research* **25**(1), 100209.

Indrajani, I. (2015), "Modelo de gestão de dados mestres nas empresas: desafios e oportunidades",
ComTech: Aplicações informáticas, matemáticas e de engenharia **6**(4), 514-524.

Indrakumari, R., Poongodi, T., Suresh, P. e Balamurugan, B (2020), "The growing role of integrated and insightful big and real-time data analytics platforms", *Advances in Computers* **117**(1), 165-186.

Ittoo, A., e Van, D. A. (2016), "Text analytics in industry: Challenges, desiderata and trends", *Computadores na Indústria* **78**(1), 96-107.

Ivan, C. e Dadarlat, V. (2011), "A tool for evaluating event based middleware", *Procedia Computer Science* **3**(1), 1283-1295.

John, V. e Liu, X. (2017). 'Uma pesquisa de filas de corretores de mensagens distribuídas'
URL:https://arxiv.org/abs/1704.00411

Juric, M. B., Sasa, A., Brumen, B. e Rozman, I. (2009), "WSDL and UDDI extensions for version support in web services", *Journal of Systems and Software* **82**(8), 1326-1343.

Kallio, M. (2022), "Interactive Mapping Tool For Renewable Energy Resources", Tese de Bacharelato, Universidade de Ciências Aplicadas de Metropolia, PO BOX 4000, FI-00079 Metropolia, Finlândia.

Köpcke, H. e Rahm, E. (2008), Training selection for tuning entity matching, *in* 'Proceedings of the 1st International Conference on InQDB/MUD', CORE, pp. 3-12.

Köpcke, H. e Rahm, E. (2010), "Frameworks for entity matching: A comparison", *Data and Knowledge Engineering* **69**(2), 197-210.

Kreps, J., Narkhede, N. e Rao, J. (2011), Kafka: A distributed messaging system for log processing, *em* 'Proceedings of the 1st International Conference on NetDB', Wisconsin, pp. 1-7.

Kumar, D.T. e Mishra, M. (2011), "A study on challenges and opportunities in master data management", *International Journal of Database Management Systems* **3**(2), 129-139.

Kuntsevich, V. M. e Kuntsevich, A. V. (2002), "Analysis of the pursuit-evasion process for moving plants under uncertain observation errors dependent on states", *IFAC Proceedings Volumes* **35**(1), 1-6.

Lange, D. e Naumann, F. (2013), "Planeamento de consultas consciente dos custos para pesquisas por semelhança",
Sistemas de Informação **38**(4), 455-469.
Leitão, L., Pável. C. e Melanie,W. (2007), Structure-based inference of XML similarity for fuzzy duplicate detection, *in* 'Proceedings of the 16th International Conference on Information and Knowledge Management', ACM, pp. 293-302.

Liao, Z., Yang, T., Lu, X. e Wang, H. (2009), An algorithm for uncertain data reconciliation in process industry, *in* 'Proceedings of the 1st International Conference on Computer Science and Information Engineering', IEEE, pp. 225-229.

Lin, Y., Liu, Z. e Sun, M. (2016), "Aprendizagem da representação do conhecimento com entidades, atributos e relações", *Ethnicity* **1**(2016), 41-52.

Lizarralde, I., Mateos, C., Zunino, A., Majchrzak, T. A. e Grønli, T.-M. (2020), "Discovering web services in social web service repositories using deep variational autoencoders", *Information Processing and Management* **57**(4), 102231.

Loshin, D. (2009), *Data governance for master data management*, Morgan Kaufmann.

Luo, A., Gao, S. e Xu, Y. (2018), "Deep semantic match model for entity linking using knowledge graph and text", *Procedia Computer Science* **129**(1), 110-114.

Mestre, D. G., Pires, C. E. S., Nascimento, D. C., de Queiroz, A. R. M., Santos, V. B. e Araujo, T. B. (2017), 'An efficient spark-based adaptive windowing for entity matching', *Journal of Systems and Software* **128**(1), 1-10.

Monson-Haefel, R. e Chappell, D. A. (2002), Publish-and-Subscribe Messaging, *em* Mike Loukides, ed., 'Java Message Service', 2 edn., O'Reilly & Associates, Inc., 1005, Gravenstein, highway north, Sebastopol, CA, capítulo 4, pp. 51-69.

Mudgal, S. K. (2018), 'Deep Learning for Entity Matching: A Design Space Exploration, *em* 'Proceedings of the 1st International Conference on Management of Data', MINDS@UW pp. 19-34.

Neun, M., Weibel, R. e Burghardt, D (2004), Data enrichment for adaptive generalisation, *em* 'Proceedings of the 1st International Conference on Generalisation and Multiple Representation Citeseer', Penn State, pp. 20-21.

Radke, A. M., Dang, M. T. e Tan, A. (2020), "Using robotic process automation (RPA) to enhance item master data maintenance process", *LogForum* **16**(1), 129-140.

Rahm, E. e Do, H. H. (2000), 'Data cleaning: Problems and current approaches", *IEEE Data Eng. Bull* **23**(4), 3-13.

Rivard, F., Abou Harb, G. e Meret, P. (2013), 'The Transverse Information System: New Solutions for IS and Business Performance", *John Wiley & Sons*.

Rousseeuw, P. J. (1987), "Silhouettes: a graphical aid to the interpretation and validation of cluster analysis", *Journal of Computational and Applied Mathematics* **20**(1), 53-65.

Santiago-Duran, M., Gonzalez-Compean, J., Brinkmann, A., Reyes-Anastacio, H. G., Carretero, J., Montella, R. e Pulido, G. T. (2020), "A gearbox model for processing large volumes of data by using pipeline systems encapsulated into virtual containers", *Future Generation Computer Systems* **106**(1), 304-319.

Saraladevi, B., Pazhaniraja, N., Paul, P. V., Basha, M. S. e Dhavachelvan, P. (2015), "Big Data and Hadoop-A study in security perspective", *Procedia Computer Science* **50**(1), 596-601.

Sherman, R. (2015), The Business Demand for Data, Information, and Analytics, *em Rick Sherman, ed.*, 'Business Intelligence Guidebook', Morgan Kaufmann Boston, MA, EUA, capítulo 1, pp. 3-19.

Singh, H. (2021), "Twitter sentiment analysis in diabetes domain using apache flume and hive" [Análise de sentimentos do Twitter no domínio da diabetes utilizando apache flume e hive], *Turkish Journal of Computer and Mathematics Education* **12**(7), 2526-2541.

Snae, C. (2007), "A comparison and analysis of name matching algorithms", *International Journal of Applied Science, Engineering and Technology* **4**(1), 252-257.

Stanley, C. R. e Lawie, D. (2007b), "Average relative error in geochemical determinations: Clarification, calculation, and a plea for consistency", *Exploration and Mining Geology* **16**(3-4), 267-275.

Sumbaly, R., Kreps, J. e Shah, S. (2013), The big data ecosystem at linkedin, *in* 'Proceedings of the 1st International Conference on Management of Data', ACM, pp. 1125-1134.

Swan, M. (2015), Philosophy of big data: Expandindo a relação humano-dados com serviços de ciência de big data, *em* 'Proceedings of the 1st International Conference on Big Data Computing Service and Applications', IEEE, pp. 468-477.

Thada, V. e Jaglan, V. (2013), 'Comparison of jaccard, dice, cosine similarity coefficient to find best fitness value for web retrieved documents using genetic algorithm', *International Journal of Innovations in Engineering and Technology* **2**(4), 202-205.

Vasavi, S., Prabhakar Benny, S. (2018), Hadoop Framework for Entity Recognition Within High Velocity Streams Using Deep Learning, *em* 'Proceedings of the 1st International Conference on Data Engineering and Intelligent Computing, Springer, pp. 247-257.

Vatrapu, R., Mukkamala, R. R., Hussain, A. e Flesch, B. (2016), "Social set analysis: A set theoretical approach to big data analytics", *IEEE Access* **4**(1), 2542-2571.

Villalba, Á., Pérez, J. L., Carrera, D., Pedrinaci, C. e Panziera, L. (2015). "servIoTicy e iServe: A scalable platform for mining the IoT", *Procedia Computer Science* **52**(1), 1022-1027.

Vilminko-Heikkinen, R. e Pekkola, S. (2013), Establishing an organization's master data management function: a stepwise approach, *in* 'Proceedings of the 46th International Conference on System Sciences', IEEE, pp. 4719-4728.

Vrettos, G., Logaras, E. e Kalligeros, E. (2018), Rumo à padronização de redes de sensores baseadas em MQTT-Alert-: Formalização de estruturas de protocolo e segurança de nó de baixo custo, *em* 'Proceedings of the 13th International Conference on on Industrial Embedded Systems', IEEE, pp. 1-4.

Wang, M. e Zhang, Q. (2020), "Algoritmo de armazenamento de dados optimizado da IoT baseado na computação em nuvem em sistemas distribuídos", *Computer Communications* **157**(1), 124-131.

Warhade, S., Dahiwale, P. e Raghuwanshi, M. (2016), "A dynamic data replication in grid system", *Procedia Computer Science* **78**(1), 537-543.

Xia, P., Zhang, L. e Li, F. (2015), 'Learning similarity with cosine similarity ensemble', *Ciências da Informação* **307**(1), 39-52.

Xie, H., Zhang, Y., Li, X. e Shi, R. (2012), 'Research on routing and self-configuration ability of topic-based pub/sub system', *Procedia Engineering* **29**(1), 3212-3216.

Yakout, M., Ahmed, K., Jennifer, N., Mourad. e Ihab, F. (2011), Guided data repair, *em* 'Proceedings of the 1st International Conference on arXiv preprint', arXiv, pp. 1103.3103.

Yang, C.-T., Chen, T.-Y., Kristiani, E. e Wu, S. F. (2021), "A implementação de uma plataforma de armazenamento e análise de dados para um grande lago de dados sobre a utilização de eletricidade com o Spark", *The Journal of Supercomputing* **77**(6), 5934-5959.

Zhao, C., Ren, L., Zhang, Z. e Meng, Z. (2020), "Master data management for manufacturing big data: a method of evaluation for data network", *World Wide Web* **23**(2), 1407-1421.

Zhao, X., Garg, S., Queiroz, C. e Buyya, R. (2017), A taxonomy and survey of stream processing systems, *in* 'Proceedings of the 1st International Conference on Software Architecture for Big Data and the Cloud', Elsevier, pp. 183-206.

Zheng, B., Holland, E. e Chapman, S. C. (2016), 'A standardized workflow to utilise a grid-computing system through advanced message queuing protocols', *Environmental Modelling and Software* **84**, 304-310.

Printed by Books on Demand GmbH, Norderstedt / Germany